Wie und wo fange ich mit dem Aufräumen an?
Wie erreiche ich mit kleinen Schritten eine große Wirkung? Und wie schaffe ich es, dass nach einer Woche nicht alles wieder so aussieht wie vorher?

Die Mischung aus konkreten Tipps und Lebenshilfe macht dieses Buch zu einem Aufräumratgeber für Schlendriane aller Couleur – egal, ob man nur mit Krimskrams und Klamottenhaufen zu kämpfen hat oder die Papierstapel schon bis zur Zimmerdecke reichen.

Thomas Ritter, Jahrgang 1966, studierte BWL und gründete parallel zum Studium sein eigenes Plattenlabel. Er ist selbständiger Musikverleger und freier Musikjournalist. Zudem arbeitet er als Business-Coach für Führungskräfte und Dozent für Verwertungsketten im Urheber- und Leistungsschutzrecht.

Bei Rowohlt erschien auch sein Buch *Endlich aufgeräumt! (61591)*.

Constanze Köpp, Jahrgang 1969, Buchautorin und Gründerin der Firma «Wohnkosmetik», hat sich 2007 selbständig gemacht. Sie unterstützt Menschen beim Einräumen, Ausräumen, Umräumen und Gestalten ihrer Wohnungen. Ihr Ziel: am Ende ein gemütliches und einladendes Zuhause geschaffen zu haben, an dem alles an seinem Platz ist, wobei sie in der Regel nur mit Vorhandenem arbeitet.

Thomas Ritter   Constanze Köpp

Die

Kunst

des

Aufräumens

Rowohlt Taschenbuch Verlag

Originalausgabe
Veröffentlicht im Rowohlt Taschenbuch Verlag,
Reinbek bei Hamburg, Mai 2009
Copyright © 2009 by Rowohlt Verlag GmbH,
Reinbek bei Hamburg
Redaktion Marion Appelt, wortvollendet
Umschlaggestaltung ZERO Werbeagentur, München
(Fotonachweis: ULTRA F/Getty Images)
Satz Utopia PostScript (InDesign) bei
Pinkuin Satz und Datentechnik, Berlin
Druck und Bindung Druckerei C. H. Beck, Nördlingen
Printed in Germany
ISBN 978 3 499 62513 8

Inhalt

Vorworte 11

Einleitung 15
Bevor es losgeht: Das Verwechseln von «einfach» und «leicht» 18

Die Kunst des Aufräumens 21
Aufräumen – eine neue Sichtweise 26
Aufräumen als Kunst 27
Sie als Künstler 30
Ihre Wohnung – Plattform künstlerischer Entfaltung 32

Was der Künstler braucht 35
Inspiration 36
Werkzeug, Technik und Know-how 37
Transpiration 39
Arbeitsteilung 40
Sich innerlich und äußerlich bereit machen 42
Ideen an und für sich 43
Ideenfindung 44
Erste Schritte – auf dem Papier 46
Ihre Heldenreise oder: Gib der Kunst einen Namen 49

Basics für die Praxis 53
Drei Stimmungssäulen 54
Farben 55
Licht 62
Duft 63
Feng Shui – Eine kurze Einführung 64
Loslassen, was nicht glücklich macht 65
Festhalten, was geht 71
Loslassen und Festhalten im Wechselspiel 74
Ausmisten als Kurztherapie 81

Ein Gang durch Ihre Wohnung 83
Der Flur 83
Das Wohnzimmer 84
Der Balkon 85
Das Schlafzimmer 86
Das Kinderzimmer 91
Das Arbeitszimmer 93
Die Küche 93
Das Badezimmer 95
Keller und Dachboden 96
Stauraum 98

Hindernisse und wie man sie überwindet 101

Aufräumen mit Kindern 104

Die Glücksfrage 106

Eine besondere Form von Glück 107

Bewusste Wahrnehmung schulen 108

Der Faktor Zeit 111

Der Faktor Geld 115

Große Ideen für kleines Geld 119

Der Wert von Dingen ist relativ 121

Und täglich grüßt das Murmeltier – Das Fällen von Entscheidungen 124

Das schlechte Gewissen 130

Keine Lust 131

Transpiration in der Praxis 133

Arbeitsteilung in der Praxis 134

Ein Meister werden 137

Zum Schluss 139

Nachworte 140

Dank 143

Der Mensch kann nicht zu neuen Ufern aufbrechen, wenn er nicht den Mut aufbringt, die alten zu verlassen.

André Gide

Vorworte

Liebe Leserin, lieber Leser,

nach dem Erfolg des Buchs *Endlich aufgeräumt! Der Weg aus der zwanghaften Unordnung* gab es unterschiedlichste Reaktionen seitens der Leserschaft. Neben viel Lob wurden auch konstruktive Kritik und Wünsche geäußert. Einer der am häufigsten genannten Wünsche war folgender: «Ich habe ja verstanden, was Sie meinen, aber ich brauche dennoch ein paar konkrete Tipps, weil mir die Ideen zur Umsetzung fehlen.»

Was lag näher, als sich konkrete Vorschläge und Anregungen zu überlegen? Ich habe mich also mit Constanze Köpp zusammengetan, um Ihnen gemeinsam mit ihr das Beste aus zwei Welten zu bieten: Zum einen handelt es sich um Ansätze zur Standpunktveränderung und zum anderen um die Basis für die Entwicklung von Ideen neben ganz konkreten Tipps aus der Praxis, damit Sie zukünftig mit neuen Werkzeugen ausgestattet für sich selbst und Ihre Wohn- und Lebenssituation neue Visionen und Ziele entwickeln können. Nehmen Sie sich also ein bisschen Zeit und lesen Sie in angenehmer Atmosphäre entspannt, was wir uns für Sie überlegt haben. Vielleicht mag das eine oder andere auf Sie befremdlich wirken – lassen Sie sich davon aber nicht irritieren, denn Sie haben dieses Buch ja gekauft, damit sich für Sie etwas ändert. Und Veränderung erfordert meist auch neue Denkweisen. Es macht also nichts, wenn Sie irgendetwas in diesem Buch auf den ersten Blick als ungewöhnlich empfinden. Im Laufe der Lektüre werden Sie feststellen, dass anders, neu denken nicht schwierig ist, es nur geübt sein will. In diesem Sinne, lassen Sie uns beginnen!

Thomas Ritter

Herzlich willkommen, liebe Leserinnen und liebe Leser. Danke, dass Sie sich Zeit nehmen. Danke für Ihr Interesse.

Die Fernsehkanäle führen stille Kriege und übertreffen sich gegenseitig mit ihren Wohn-Dokus. Darin öffnen Menschen nicht mehr nur ihren Nachbarn ihre Tür, sondern einem sehr breiten, anonymen Publikum. Das Zuhause ist also das zentrale Thema, den Programmverantwortlichen sei gedankt, denn es entsteht ein neues Bewusstsein für die eigenen vier Wände! Die Einschaltquote steigt, hingegen sinkt die allgemeine Schamgrenze. Fest steht jedenfalls, dass Räume glücklich machen können – oder auch nicht. Und wo heute der Mammon die Geldbörsen nicht mehr zum Platzen bringt, wo das Futter im Leder fehlt und auf vielen Konten Ebbe herrscht, gewinnt insbesondere der heimische «Indoor-Spielplatz» wieder an Bedeutung. Er ist inzwischen wichtiger als die trendige Bar oder die Kneipe an der Ecke, wobei man auch dort beobachten kann, dass bei deren Gestaltung immer mehr auf das Gefühl von Heimeligkeit gesetzt wird, weil diese so vielen, oft einsamen Menschen ein zweites Zuhause bieten.

Wünschen auch Sie sich schon lang, dass Ihre eigenen vier Wände wieder zur Plattform der Verführung, der Begegnung, des Träumens, des Abschaltens werden? Dass wieder Klarheit, Übersicht und Struktur in Ihre Räume Einzug halten ebenso wie in Ihr Leben? Möchten Sie wieder gern nach Hause kommen, und dass die Tür ebenso Freunden und Bekannten (auch spontan) wieder offen stehen kann?

Fehlen aber Ideen, Zeit und Muße für die Umgestaltung der eigenen Räumlichkeiten, bestimmen Chaos und Unübersichtlichkeit das Wohngefühl, dominiert der Antrieb zur Veränderung nur in Theorie und kann die Macht der Gewohnheit nicht durchbrochen werden, dann ist es Zeit, sich Unterstützung zu holen.

Nun gibt es viele Bücher zum Thema Ausmisten und Co. Eins davon halten Sie gerade in Ihren Händen. Sämtliche Bücher unterscheiden sich voneinander, jedes prägt eine persönliche Note, zeichnet sich durch eine eigene Handschrift aus. Das Besondere in unserem Fall ist das Wir: Hier sprechen Autorin und Autor zu ihren Leserinnen und Lesern, und ihr Anliegen ist die Kunst des Aufräumens. Wir definieren das Aufräumen neu und beleuchten es von einer anderen Seite.

Dabei ist das Buch ein stilles Versprechen, von uns an Sie. Wir versichern Ihnen, dass am Ende Ihrer Reise durch dieses Buch in Ihrer Wohnung und somit möglicherweise auch in Ihrem Leben nichts mehr so sein wird, wie es einmal war. Wir begleiten Sie – von der ersten bis zur letzten Seite. Sie müssen nur eines dafür tun: sich auf uns einlassen und Ihr eigener Künstler werden. Denn Sie waren es, der Ihre Wohnung eingerichtet hat. Und Sie sind auch jetzt der Akteur – Ihre Wohnung stellt sich Ihnen dabei nicht in den Weg und wird Wandel und Struktur zulassen.

Constanze Köpp

Einleitung

Wir wissen nicht, was Sie zum jetzigen Zeitpunkt von Aufräumen halten und was Sie darüber denken. Hingegen wissen wir, dass sich Ihre bisherige Einstellung zu diesem Thema ändern wird, wenn Sie es aus einem völlig neuen Blickwinkel betrachten. Wir geben Ihnen Ideen und Werkzeuge an die Hand, die Sie künftig in die Lage versetzen, aus Aufräumen eine Kunst zu machen. Das klingt seltsam? Fragen Sie sich, was Aufräumen und Kunst miteinander zu tun haben? Denken Sie etwa, dass Sie zu einem dieser komischen Künstlertypen werden sollen, und haben Sie für Kunst keine Zeit?

Lassen Sie sich dennoch überraschen und warten Sie ab, ob Sie sich dies am Ende des Buchs immer noch fragen. Vielleicht haben sich Ihre Haltung gegenüber sowie Ihre Meinung übers Aufräumen ja verbessert.

Sie finden aber Aufräumen jetzt schon toll und denken positiv darüber? Dann sollten Sie überprüfen, ob sich die Annahme, dass es nicht noch besser geht, in unserem Fall nicht als Binsenweisheit herausstellt. Dieses Buch kann Anleitung, ein Wegbegleiter sein, um endlich ein «Wohlfühlprogramm» für Ihr Zuhause einzuläuten, und am Ende sollen Sie feststellen: Vorher war gestern! Wie hat es Ikea nicht einmal treffend formuliert: «Wohnst du noch oder lebst du schon?» Denn glauben Sie nicht, dass Unwohlsein, Unausgeglichenheit, Gereiztheit und Traurigkeit nichts mit Ihrer Wohnung zu tun haben. Im Gegenteil!

Beginnen wir eine Reise durch Ihren Lebensraum. Einen Koffer brauchen Sie nicht, höchstens ein paar blaue Müllsäcke. Auf alle Fälle sollten Sie ein offenes Herz haben und den Wunsch verspüren, eine Veränderung von innen und außen vorzunehmen. Denn das eine bedingt das andere. Das eine unterstützt das andere. Das eine nährt das andere. Beides geht Hand in Hand. Auch Sie sind stets innen und außen.

Es heißt, der erste Schritt sei der schwerste. Die Praxis, die Arbeit mit meinen Kunden zeigt mir etwas anderes, nämlich dass Stehenbleiben im Endeffekt schwerer ist als Losgehen. Sie sind schon lang stehen geblieben und empfinden dies nun als Belastung? Unterstützung in Anspruch zu nehmen ist aber nicht schwer, und dieses Buch ist der Beweis! Denn den ersten Schritt haben Sie mit dem Kauf dessen bereits getan. Räumen wir weiter auf mit dem Trugschluss, Stagnation sei einfach, Veränderungen hingegen schwer. Denn wer rastet, rostet, körperlich wie geistig. Stellen wir uns einmal absolute Bewegungslosigkeit als neue «Lifestyle-Droge» vor – was wäre das für eine Welt, wie sähe sie heute aus? Denken Sie daran, wie wir als Kleinkind neugierig und voller Tatendrang die ersten Schritte machten. Die Welt von damals ist nicht mehr dieselbe, sie hat sich verändert, weil auch wir sie verändert haben. Wir vollziehen ständig einen ersten Schritt, jeden Tag aufs Neue, wenn wir morgens aufstehen und der Fuß den Boden berührt.

Die Schere zwischen Theorie und Praxis im Hinblick auf Veränderung klafft aber oft weit auseinander. «Der Wille ist da, aber ...» – diesen Ausspruch hören wir häufig, aber ist Wille allein tatsächlich der allererste Schritt? Auch wir haben den Willen, seit langem etwas Bestimmtes zu tun. Was aber ändert sich allein durch sein Vorhandensein? Nichts! Man fühlt die Bereitschaft, etwas zu tun, aber solange man sich allein auf den Willen beschränkt, passiert gar nichts. Alles bleibt, wie es ist, bis schließlich ein Startsignal erfolgt und aus dem Wollen endlich Handeln wird!

Damit aber dieses Buch für Sie seine ganze Nützlichkeit entfalten kann, ist es sinnvoll, sich mit ein paar Dingen vorab zu beschäftigen. Dieses Buch ist ein Arbeitsbuch, und das, was Sie daraus an Erkenntnissen gewinnen, ist nutzlos, wenn Sie nicht etwas daraus machen. Denn noch nie hat allein das Lesen eines Ratgebers eine Situation grundlegend verändert. Möchte zum Beispiel jemand lernen, wie man Vermögen aufbaut, nützt ihm ein guter Ratgeber erst, wenn er die darin enthaltenen Tipps für sich überprüft und anwendet. So ist es auch mit unserem Buch. Sie müssen übrigens nicht alles, was hier lesen, gut finden, sich aneignen oder genau so machen, Sie können selbstverständlich auch komplett eigene Ideen entwickeln. Das Buch ist so aufgebaut, dass Sie reichlich Raum für diese haben, in welche Richtung auch immer. Denn niemand weiß letztendlich besser als Sie selbst, wie Sie sich Aufräumen, Ordnung, Wohnen und Arbeiten vorstellen. Die volle Wirksamkeit des Buches entfaltet sich, wenn Sie richtig damit arbeiten. An bestimmten Stellen werden Ihnen Fragen gestellt – gönnen Sie sich den Luxus, diese für sich allein und auch gemeinsam mit anderen zu beantworten. Und nicht zuletzt sollen Sie mit diesem Buch auch Spaß haben. Dabei ist uns bewusst, dass gerade in Deutschland Spaß und Arbeit als gegensätzliche Pole wahrgenommen werden. Auch hier bieten wir an, einmal eine andere Denkweise auszuprobieren. Was wäre, wenn Spaß und Arbeit nicht einander ausschließen, sondern zwei Teile ein und derselben Sache sind? Wie gefährlich wäre das für Ihr Weltbild? Oder könnte eine neue Sichtweise gar befreiend für Ihr Leben sein? Stellen Sie sich einmal vor, Ihre Glaubenssätze aus alten Zeiten, gelernt von Menschen, die ihr Bestes gaben und es doch nicht besser wussten, ließen sich eintauschen gegen neue Sichtweisen, die Ihr Leben schöner, leichter, einfacher machten ... Vielleicht, nein, ganz bestimmt sogar wäre das für Sie zunächst ungewohnt. Aber ist das unbedingt schlechter? Bisher empfanden Sie Aufräumen wahrscheinlich als überwiegend lästig, punktuell vielleicht befreiend, aber insgesamt als eher unerfreulich.

Wie also würden Sie Aufräumen finden, nachdem Sie Ihre Sichtweise geändert haben? Lassen Sie uns die Reise der Veränderung gemeinsam antreten. Im Moment brauchen Sie nichts als den Wunsch, künftig schöner, leichter, einfacher leben zu wollen. Den Rest machen wir zusammen. Sie werden sehen: Am Ende hat es sich gelohnt, so viel können wir versprechen!

Bevor es losgeht: Das Verwechseln von «einfach» und «leicht»

Das, was Sie im Folgenden lesen, kennen Sie möglicherweise schon. Wir möchten dennoch kurz darauf eingehen, dass «einfach» und «leicht» häufig verwechselt werden. Das führt dann immer mal wieder dazu, dass Ratgeber nicht so nützlich sind, wie sie sein könnten, und Leserinnen und Leser einen Rat nicht annehmen, was eigentlich hätte vermieden werden können. Worum geht es also? Autoren von Lebenshilfebüchern wissen in der Regel, dass Veränderung eigentlich ganz einfach ist. Ratsuchende gehen hingegen davon aus, dass sie schon oft versucht haben, den Weg zur Veränderung zu beschreiten. Dabei fielen sie aber immer wieder in gewohnte Muster zurück und lehnen infolgedessen Ratgeber, die von Einfachheit sprechen, eher ab. So empfinden Sie Veränderung als ausgesprochen schwierig oder gar unmöglich. Ursache dafür ist ein Missverständnis, denn das Gegenteil von «einfach» ist nicht «schwierig», sondern «kompliziert». Ebenso ist das Pendant zu «schwierig» nicht «einfach», sondern «leicht». Folgende Beispiele machen deutlich, was wir sagen wollen: Ein Gesicht zu malen ist in der Regel recht einfach, denn zu einem Gesicht gehören Mund, Augen, Nase usw. Es aber genau wiederzugeben kann sehr schwierig sein, wenn man ungeübt ist. Genauso kann eine mathematische Formel, die einen Zusammenhang beschreibt, hochkomplex und kompliziert sein, hingegen fällt es einem geübten Mathematiker oder Physiker leicht, diese anzuwenden. Auf unser Thema übertragen heißt das: Es ist sehr einfach aufzuräumen, denn Aufräumen bedeutet lediglich, dass alles dahin kommt, wo es hingehört. Und das ist keinesfalls kompliziert. Es kann aber sehr schwierig für jemanden sein, der sein Leben lang Unordnung geübt hat. Eine gewünschte Verhaltensänderung ist meist sehr einfach zu benennen, das Empfinden, das damit einhergeht, hat jedoch enorm viel damit zu tun, wie geübt man ist. Stellen Sie sich vor, Sie sollen beim Fußball einen Pass über 40 Meter schlagen, damit der Torjäger Ihrer Mannschaft den Ball abschlussgerecht auf den Fuß bekommt und sein Tor machen kann. Eine scheinbar sehr einfache Sache: Ball nehmen, schießen, fertig, keinesfalls kompliziert. Aber versuchen Sie das mal als ungeübte Fußballerin oder ungeübter Fußballer – Sie werden feststellen, wie schwierig das ist.

Wenn Sie also diesem Buch Dinge entnehmen, auf die Sie innerlich mit Widerstand reagieren, vielleicht gekoppelt an den Gedanken: «Moment mal, so einfach ist das aber nicht», dann überprüfen Sie bitte kurz, ob Sie «einfach» mit «leicht» verwechselt haben. Eventuell erscheint Ihnen damit Ihr Vorhaben als weniger komplex, können Sie sich so auf die Einfachheit der Veränderung einlassen und sich dann unbefangen daranmachen, das neue Verhalten so lange zu üben, bis Ihnen die Tätigkeit leichtfällt. Et voilà!

Die Kunst des Aufräumens

Wie wäre es mit einem kleinen Spiel zum Warmwerden? Ich spiele es in der Regel mit meinen Kunden, wenn wir noch am Tisch sitzen und unser weiteres Vorgehen besprechen. Stellen Sie sich Ihren Frühstückstisch vor. Betrachten Sie die Anordnung der Dinge darauf. Sicherlich haben auch Sie schon mal in der Eile alles nur mal eben schnell aufgedeckt. Würde ich Sie aber bitten, alle Dinge auf dem Tisch wie für eine Collage harmonisch anzuordnen – etwa für einen Wettbewerb –, wie sähe die Anordnung dann aus? Schauen Sie sich das Verhältnis der Gegenstände zueinander genau an. Drehen, wenden, stellen und ordnen Sie so lang, bis das Bild für Sie stimmig ist, harmonisch auf Sie wirkt und Sie sich damit ohne Einschränkung bewerben könnten! Spüren Sie, wie sich bei jedem Verschieben und Verändern vor Ihrem inneren Auge auch Ihr Gefühl verändert? Harmonie oder Disharmonie stellt sich ein, ebenso wie Zufriedenheit oder Unzufriedenheit.

Und genauso verhält es sich mit Ihrer Wohnung. Mit vielen Dingen darin können Sie genauso verfahren: der Ablage im Flur, der Vitrine, der Küchenzeile – einfach mit allem, was gedankenlos abgelegt oder monoton angeordnet wurde.

Bevor wir weitermachen, lassen Sie uns kurz gemeinsam überlegen, was uns zum Thema Aufräumen einfällt. Wie bereits angedeutet, haben wir das, was und wie wir darüber denken und wissen, von unseren Vorbildern gelernt. Meist waren es die Eltern, sicher auch Lehrer, Freunde und wer uns sonst noch so einfällt. All diese Menschen haben ihre eigene Vorstellung davon wiederum von ihren eigenen Vorbildern übernommen. Und nun stellen Sie sich vor, dass das Aufräumen seit Jahrhunderten als Pflicht verstanden worden ist. Je nach Einstellung als seligmachende oder lästige Pflicht, aber auf alle

Fälle als Pflicht. Um eine Pflicht zu erfüllen, braucht man Disziplin, Willensstärke, Durchhaltevermögen und Ähnliches mehr. Wir wissen nicht, wie es Ihnen damit geht, aber uns erscheint eine Tätigkeit, die damit einhergeht, alles andere als attraktiv.

Vielleicht kommen Ihnen die folgenden Aussagen bekannt vor:

Aufräumen muss man.
Ordnung muss sein.
Ordnung ist das halbe Leben.
Aufräumen? Nützt ja alles nix, erledigt sich ja nicht von allein.
Positiver formuliert: Ich finde es gut, wenn es ordentlich ist. Aber selber aufräumen, na ja …
Und noch positiver ausgedrückt: Manchmal räume ich richtig gern auf. Wenn es nur bloß nicht immer wieder gemacht werden müsste.

Wie kann es sein, dass wir sagen, unsere Herzen seien voller Erinnerungen, unsere Köpfe voller Gedanken, unsere Wohnung aber eine Abstellkammer, die überquillt? Warum werfen wir nichts weg? Wie befreiend es aber ist, täglich seinen Müll zu entsorgen, nehmen wir kaum noch wahr. Loslassen können, was alt, verbraucht ist, was wir nicht mehr benötigen. Ohne Wenn und Aber kann weg, womit wir uns nicht mehr umgeben wollen. Denken Sie etwa darüber nach, bereits verdorbenen Käse aufzuheben? Wie steht es um die Dinge, die Sie umgeben, deren Bedeutung für Sie vielleicht ebenso lang «verdorben» scheint?

Was hemmt Menschen, Veränderungen herbeizuführen, diese zuzulassen? Angst, Gewohnheit, Zeitmangel, fehlende Motivation?

Unsere Wohnung, unser Zuhause ist ein Sammelsurium von Geschichten, Accessoires, Urlaubsmitbringseln, Erinnerungen. Es ist der persönlichste Ort, den es gibt. Es ist unsere Insel, unsere Oase, unser Spiegel, unsere Visitenkarte. Hier leben, lieben, lachen, träumen, empfangen, entspannen, verführen, essen und trinken wir. Aber vor allem: Es ist unser Spiegel! Unsere Wohnung sagt nicht mehr oder minder über uns aus als unsere Kleidung. Wie lieblos wird oft mit ihr umgegangen. Täglich duschen wir und putzen wir unsere Zähne – nicht nur aus Gewohnheit, sondern weil Sauberkeit die Gesundheit erhält. Zudem tut es gut, sich vom Dreck des Tages zu befreien, ihn abzuspülen. Was, wenn wir uns nicht mehr waschen würden? Wir fühlten uns unwohl, Gesellschaft müssten wir irgendwann natürlich meiden, aber gegen Eigengeruch sind wir resistent. Doch ist das unser Bestreben? Wollen wir das tatsächlich? Wir würden einen hohen Preis zahlen – gesellschaftliches Beisammensein. Das Schönreden einer Sache kennen wir etwa von übergewichtigen Menschen oder Rauchern. Die Wahrheit ist doch eine andere und hat wenig mit klugen Floskeln zu tun. Ich als Frau vergleiche das Aufräumen auch gern mit dem abendlichen Ritual des Abschminkens. Was würde passieren, wenn wir uns nicht pflegen, nicht mehr essen, nicht mehr trinken? Wir tragen uns und den Menschen gegenüber, die unsere Gesellschaft suchen, Verantwortung. So will auch das Heim gepflegt werden. Die Wohnung kann sich allerdings nicht mitteilen, doch die Zeichen, die sie uns gibt, sind überdeutlich: Staub und Spinnweben.

> **Räume wehren sich über kurz oder lang, und sie sprechen ihre eigene Sprache: Staub, Schimmel, Spinnweben – Zeichen der Vernachlässigung. Sie fühlen sich dann dauerhaft unwohl in ihnen. Schlagen Sie die in die Flucht!**

Aufräumen ist so viel mehr als das, was der Begriff zunächst vermuten lässt. Ich persönlich empfinde es tatsächlich als eine Art Kunst mit vielen Gesichtern: die Kunst, Balance zu halten, sich zu freuen, des Sich-Erdens, den Überblick zu behalten, eine Struktur und Klarheit zu wahren, kreativ zu sein und zu verändern.

Wenn sich aber zu viele überflüssige Dinge ansammeln, die keinen eigenen Platz haben, kann Aufräumen in der Tat sehr lästig sein und zur Bürde werden. Wohin mit all den Dingen? Und selbst wenn sie ihren Platz haben, warum dauert es so lang, bis sie sich dort wieder eingefunden haben? Wie groß ist der innere Schweinehund, der verscheucht werden muss, um Gegenstände gleich nach Gebrauch wieder wegzustellen? Wir verschenken kostbare Zeit, wenn wir irgendwann ganze Tage einplanen müssen, um in einer XXL-Aufräumaktion für Ordnung zu sorgen. Seien Sie spontan! Bequemlichkeit ist keine Tugend, und wenn Sie spontan aufräumen, kann sich das Ergebnis jederzeit sehen lassen – auch bei unangemeldetem Besuch! Verabschieden Sie sich vom Gefühl der Last und zollen Sie allen Räumen Respekt. Sie leben nicht nur in ihnen, sondern mit ihnen.

Sollten Sie allerdings annehmen, mit obigen Aussagen allein zu sein, liegen Sie falsch. Die meisten Menschen denken so, schließlich haben sich diese Sichtweisen auf das Aufräumen von Generation zu Generation leicht modifiziert fortgesetzt. Letzten Endes gibt es reichlich Dinge, die mehr Spaß machen, die man lieber tut, als ausgerechnet aufzuräumen. Kein Wunder also, dass Aufräumen oft als Last und Ordnung gar als Feind der Kreativität empfunden werden. Und was tun wir dann? Entweder machen wir uns widerwillig an die Arbeit oder lassen es gleich. Wohl fühlen wir uns aber nicht dabei.

Nun gibt es immer wieder Menschen, die uns weg von einer Tätigkeit hin zum Ziel lenken wollen. Das ist sehr vernünftig, denn es hilft uns, diese ungeliebte Tätigkeit in neuem Licht zu sehen und letztlich gern auszuführen. Nehmen wir das Thema Abnehmen. Mittlerweile ist es üblich, die Schreckensszenarien über die Folgen von Übergewicht da zu lassen, wo sie hingehören: in die Mottenkiste. Denn selbst im momentan eher pessimistischen Deutschland empfinden diese nur noch wenige als hilfreich. Stattdessen ist man dazu übergegangen, das Ziel selbst so attraktiv zu machen, dass der Weg dorthin gern gegangen wird. Beim Abnehmen sind es Fragen wie beispielsweise die nach den Möglichkeiten: «Was wäre dir mit einem anderen Gewicht möglich zu tun? Was wünschst du dir, was jetzt noch nicht geht?» Oder: «Welcher deiner Träume rückt näher, wenn du dein Gewicht verändern könntest?» Das ist raffiniert, aber die Dinge, die man vernünftigerweise tut, um das Gewicht zu reduzieren und Muskeln aufzubauen, fallen so nicht unbedingt leichter oder erscheinen dadurch attraktiver. Dasselbe trifft auf unser Thema zu: Selbst wenn wir Ihnen sagen würden, wo Sie enden werden, wenn Sie nicht aufräumen und für Ordnung sorgen, und wir Schreckensszenarien von Insektenbefall, Seuchendienst und der Berichterstattung durch Boulevard-Magazine aus Ihrer Wohnung entwerfen, würde das zu wenig führen. Vielleicht denken Sie kurz: «Uiuiui, stimmt, das will ich nicht!» Was passiert aber als Nächstes? Sie werden die Situation bei sich zu Hause nicht als sooo schlimm empfinden, die Gefahr abstreiten und fragen, was wir Ihnen eigentlich einreden wollen. Schon ist sie hin, unsere schöne Horrorstrategie für Veränderung. Intelligenter wäre es, wenn wir mit Ihnen an den Zielen arbeiten würden. Und wenn wir Fragen stellten wie diese:

Was gewinnen Sie, wenn Sie nur zehn Minuten täglich aufräumen würden?
Was verlieren Sie, wenn Sie nur zehn Minuten täglich aufräumen würden?
Was könnten Sie alles tun, wenn Ihre Wohnung endlich ordentlich wäre?
Wie viel auf einer Skala von 0 bis 10 ist es Ihnen wert, dass Ihre Wohnung so ordentlich ist, wie Sie es sich ersehnen?

Dies könnte dazu beitragen, dass Sie das Ziel – regelmäßiges Aufräumen – als attraktiv und als notwendige Strategie empfinden würden. Eine Strategie, die an sich zwar wenig Spaß bringt, Sie aber wüssten, wofür Sie es täten. Wir behaupten: Auch diese Strategie ist nur die zweitbeste. Und wir sind davon überzeugt, dass es noch eine dritte Sichtweise gibt, die etwas komplett Neues für Sie ist, und Aufräumen nicht länger ein notwendiges Übel ist, sondern zu einer Ihrer Lieblingsbeschäftigungen wird. Das klingt unglaublich, nicht wahr? Nun, lassen Sie uns davon ausgehen, es gäbe diese dritte Sichtweise. Wie könnte sie aussehen?

Aufräumen – eine neue Sichtweise

Gestatten wir uns, Aufräumen als etwas anderes als bisher zu betrachten. Wie würde es sich anfühlen, wenn Sie Aufräumen nicht mehr als lästige Pflicht verstehen, sondern als etwas, das Sie bislang nicht mit Aufräumen in Verbindung gebracht haben? Daher schlagen wir vor, das Schaffen von Ordnung fortan als Kunst zu betrachten. Ein ungewöhnlicher Gedanke? Vielleicht geht Ihnen ja Folgendes durch den Kopf:

Das klingt ja dämlich! Soll ich jetzt etwa mit der Farbpalette durch die Wohnung düsen, wenn es unordentlich ist?
Was haben die schönen Künste mit einer unerfreulichen Arbeit wie Aufräumen zu tun?
Oje, von Kunst habe ich noch nie etwas verstanden …
Hä? Wie soll das gehen?

Vielleicht liegen wir auch völlig falsch damit. Was auch immer Sie denken, kommen Sie mit uns auf einen Weg, der Sie zum Künstler macht, und überprüfen Sie, ob dieser Weg für Sie spannend und nützlich ist und intelligent erscheint. Und sollten Sie am Ende feststellen, dass Aufräumen für Sie eine ungeliebte, anstrengende Tätigkeit bleibt, die Sie von schönen Dingen abhält, dann seien Sie versichert: Wir lassen Ihnen auch diese Sichtweise.

Aufräumen als Kunst

Bevor wir durch dieses Kapitel reisen, möchten wir Ihnen noch einige Fragen stellen: Welche Melodie symbolisiert Ihre Wohnung im jetzigen Zustand? Welches Gemälde beschreibt Ihre Wohnung am ehesten? Schließen Sie Ihre Augen. Sehen und hören Sie sie? Ist es eine schwarze Leinwand, voller Punkte und Striche? Und ist der Klang eher monoton, ohne Höhen und Tiefen? Welche Symbole haften Ihrem Wohnraum an? Stellen Sie sich jeden Ihrer Räume als Leinwand vor. Wie sieht diese jetzt aus, und wie soll sie nachher aussehen? Welche Emotionen kommen in Ihnen hoch, wenn Sie die Bilder Ihrer verschiedenen Räume betrachten?

Um diesen Gedanken weiterzuentwickeln, schauen wir uns einmal an, wie Kunst überhaupt definiert ist. Natürlich gibt es unzählige Erklärungsversuche, und je kompetenter ein Experte erscheinen will, desto komplizierter ist seine Definition, wobei er andere Modelle kaum gelten lässt. Wir halten uns an den schlüssigen Vorschlag, den die beliebte Internet-Enzyklopädie Wikipedia zurzeit anbietet. Dort heißt es zum Begriff Kunst: «Das Wort Kunst bezeichnet im weitesten Sinne jede entwickelte Tätigkeit, die auf Wissen, Übung, Wahrnehmung, Vorstellung und Intuition gegründet ist (Heilkunst, Kunst der freien Rede). Im engeren Sinne werden damit Ergebnisse gezielter menschlicher Tätigkeit benannt, die nicht eindeutig durch Funktionen festgelegt sind. Kunst ist ein menschliches Kulturprodukt, das Ergebnis eines kreativen Prozesses. Das Kunstwerk steht meist am Ende dieses Prozesses, kann aber seit der Moderne auch der Prozess selber sein.»

Wenn Sie diesem doch recht umfassenden Vorschlag zustimmen können, steht der dritten Sichtweise prinzipiell nichts mehr im Weg. Es geht vor allem darum, diese mit Leben zu füllen und dass sie Ihnen als interessant erscheint, sodass Sie Gefallen an der Vorstellung finden und somit Spaß an der Tätigkeit entwickeln können. Lassen Sie uns also im Moment so tun, als würden Sie bereits jetzt der Idee folgen wollen, Aufräumen künftig als Kunst und sich selbst als Künstler sehen zu wollen. Folglich verfügen Sie entsprechend obenstehender Definition über Wissen, Übung, Wahrnehmung, Vorstellung und Intuition. Weiterhin werden Sie sich demzufolge in einen kreativen Prozess begeben, an dessen Ende Ihr Kunstwerk steht. Genauso können Sie bereits den kreativen Prozess, also das Aufräumen an sich, als künstlerische Tätigkeit sehen.

Egal, was Sie räumen, aufräumen, umräumen, abräumen – mit jedem Räumen oder was auch immer Ihnen dazu einfällt, gestalten Sie etwas Neues. Sie sind schöpferisch tätig, und ähnlich wie ein Künstler gestalten Sie selbst, bestenfalls nach Ihrer eigenen Vorstellung. Aufräumen wird für Sie zu einem kreativen Akt, zu einer schöpferischen Tätigkeit und bewussten Gestaltung nach Ihren Ideen. Dafür ist es sehr hilfreich, sich selbst als Künstler zu verstehen. Sobald Ihnen das gelingt, fügen Sie künftig Ihrer Eigenwahrnehmung eine neue Facette hinzu. Sie können dadurch neue Seiten an sich entdecken und möglicherweise gar Ihr Selbstbild auf eine interessante Art und Weise verändern. Was braucht es also, um sich bewusst zu werden, wer man über seine bisherige Persönlichkeit hinaus sein kann?

Kunst hat mit Farben, Licht und Materialien zu tun. Diesen widmen wir uns später. Jetzt geht es nämlich auch um das, was Sie seit Langem wie mit einer Schubkarre vor sich herschieben. Und der Inhalt wird immer schwerer und das Schieben der Karre immer mühsamer. Halten Sie an, leeren Sie sie aus und füllen Sie sie zu gegebenem Zeitpunkt mit Ihren Schätzen.

Heute zählen die Gründe dafür, warum dieses oder jenes noch

nicht passiert ist, nicht mehr. Werfen Sie die Ursachen für den Aufschub über Bord – sie werden heute ausgemistet! Vorher war gestern, schon vergessen? Und wenn Sie sich fragen, warum die Wohnung mancher Menschen immer aufgeräumt ist, kann es an der Freude, sein Zuhause wirklich zu lieben, liegen. Es kann ein Ordnungssystem sein, aufgrund dessen nichts lang herumsteht, oder die Erkenntnis sein, dass Übersicht schlicht und einfach Sicht bedeutet. Das lassen sich diese Menschen nicht mehr nehmen, nachdem sie dies für sich erkannt haben.

Aufräumen ist Lust, nicht Last. Es macht Spaß und befreit. Wer sein Zuhause aufräumt, räumt auch sein Leben auf!

Aufräumen und Entrümpeln setzen Emotionen frei! Wut, Tränen, Freude, das Gefühl der Erleichterung – lassen Sie alles zu, denn alles ist erlaubt und vollkommen natürlich. Spüren Sie, wie ein negatives Gefühl Sie nicht länger beeinträchtigt, nachdem Sie sich entschlossen haben, einen bestimmten Gegenstand aus Ihrem Dunstkreis zu entfernen? Wenn Sie entrümpeln, entrümpeln Sie auch den damit verbundenen emotionalen Ballast, der sich über kurz oder lang immer wieder bemerkbar machen würde, wenn Sie die Dinge nicht angehen. Auch wenn ein Gegenstand nicht sichtbar platziert ist, er sich vielleicht in der hintersten Ecke eines vollen Schranks befindet, so ist er trotzdem noch da, er ist nach wie vor in Ihrer Nähe. Holen Sie alles hervor – befreien Sie sich endlich aus der Zelle! Entschlusskraft und Durchhaltevermögen sind heute Ihre magischen und wichtigsten Antreiber. «Chaos schaffen war nie schwer, doch Ordnung halten eben sehr!» Damit ist jetzt Schluss!

Sie als Künstler

Sie sind der Künstler, und wir, dieses Buch, sind Ihre Muse. Ob Sie berühmt werden, indem Sie Ihrem Lebensraum ein neues Gesicht schenken, versprechen wir natürlich nicht. Sehr wahrscheinlich werden Sie in jedem Fall entspannter und zufriedener sein.

Wir haben für den Buchtitel bewusst den Begriff Kunst gewählt, da das Leben an sich mit einem Theaterstück vergleichbar ist, ebenso ist Ihre Wohnung eine von vielen Bühnen, auf der Sie stehen. Und die Kulissen? Die bauen wir selbst! Wir sind es, die mit Farbe experimentieren, die die einzelnen Bausteine zusammensetzen, die aus einer Leinwand erst ein Bild machen.

In der Mitte des Buches wird die Leinwand, die Ihre Wohnung symbolisiert, vielleicht wieder weiß sein, nachdem Sie sich aufgrund zahlreicher Anregungen von einigen Farben verabschiedet haben. Vielleicht führen Sie den Pinsel dann einfach einmal anders an, setzen ihn direkt auf die weiße Leinwand. In der Sprache der Musik ausgedrückt: Wir schreiben auf ein leeres Notenblatt neue Schlüssel, Melodien und Takte. Und für die Köche unter Ihnen: Eine leere Wohnung ist zunächst wie ein Gericht. Es ist die Einrichtung, die die richtige Würze, den Geschmack, ausmacht. Dabei ist und bleibt die persönliche Note das i-Tüpfelchen! Gehen Sie dazu über, Ihr Leben mit neuen, frischen, anderen Farben zu füllen, entdecken Sie neue Töne für Ihre Welt, ändern Sie das Rezept, brechen Sie mit Gewohnheiten, lösen Sie Stagnation und Starre auf.

Was das konkret heißt? Was genau würde sich in Ihrem Leben ändern, wenn Sie dem nachgeben? Ach so, Sie sind bereits in dem einen oder anderen Bereich künstlerisch tätig. Gut, dann werden Sie vieles von dem, was Sie in Bezug auf Ihre Kunst lesen, vielleicht schon kennen. Wenn Sie aber bislang noch nie künstlerisch tätig gewesen sind oder glauben, es noch nie gewesen zu sein, lassen Sie uns einmal überlegen, inwieweit Sie Ihre Sicht auf sich selbst verändern können, um künftig fröhlich und unbefangen die Gestaltung Ihres Umfelds vorzunehmen. Vielleicht stellen Sie sogar fest, dass Sie schon viel häufiger künstlerisch tätig waren, als Sie dachten – Sie haben es nur anders benannt.

Jeder Künstler trägt in sich den Wunsch, etwas auszudrücken. Das kann ein Gefühl sein, eine Haltung unterschiedlichster Art, vielleicht ist es auch einfach nur der Wunsch nach einem Abbild dessen, was man innerlich fühlt. Immer dann, wenn jemand anders das Ergebnis als ausgesprochen interessant, schön, aussagekräftig, gelungen oder vielleicht auch streitbar hält, wird dem Resultat eine Besonderheit zugeschrieben. Man bezeichnet etwas als kunstvoll, meisterlich, ausgefallen, einzigartig. Wenn Sie jetzt von den klassischen Kunstformen wie Musik, Malerei, Bildhauerei und dem Schreiben absehen und andere Dinge oder Tätigkeiten in Betracht ziehen, die auf den ersten Blick nichts mit Kunst zu tun haben, so werden Sie feststellen, dass obige Attribute häufig auch darauf angewendet werden. Man bezeichnet sportliche Leistungen, ausgefallene Techniken, kunstvolle Redewendungen, einzigartige Ideen und Errungenschaften durchaus als meisterlich – Sie können das beliebig weiterführen. Ständig begegnen uns Begriffe, die mit Kunst assoziiert werden können. Was wollen wir damit sagen? Ganz einfach: Was auch immer Sie sich anschauen, welche Tätigkeit auch immer Sie nehmen, es wird stets Menschen geben, die etwas ganz besonders gut können, eine spezielle Art haben, mit etwas umzugehen. Daran erkennt man Einzigartigkeit, wobei die Ausführung ganz eng mit der betreffenden Person verbunden ist. Und schon nennt man Fußballer, Piloten, Psychologen, Maurer oder wen auch immer einen Künstler. Diesen Menschen ist gemein, dass sie eine ganz bestimmte innere Einstellung mit ihrer Profession verbindet. Es sind der Gestaltungswille, die Freude und der Glaube an die eigenen Möglichkeiten, die sie dazu veranlassen. Hinzu kommt Kreativität, also eine oder mehrere Ideen, wie etwas gemacht werden kann. Außerdem – und das darf nicht unterschätzt werden – haben diese Menschen ihre jeweilige Tätigkeit gut geübt, sie besitzen die nötige Technik und auch das notwendige Handwerkszeug.

> **Sie haben sich entschieden, etwas zu verändern. So dicht waren Sie noch nie am Ziel, denn heute geht es an die Umsetzung. Leben Sie jetzt Ihren Traum und träumen Sie nicht länger Ihr Leben!**

Aber was hat das mit Ihnen zu tun? Ganz einfach: Stellen Sie sich vor, Sie hätten die beschriebene innere Einstellung, soll heißen, Sie wollen gestalten, verspüren Freude und glauben, dass Sie es können. Zudem verfügen Sie über Ideen und wissen, wie man diese umsetzt. Sie beherrschen die nötige Technik, sind geübt und besitzen das erforderliche Handwerkszeug. Warum sollten Sie, damit ausgestattet, nicht Aufräumen als Kunst betreiben können? Zum jetzigen Zeitpunkt fehlen Ihnen noch einige der obigen Ressourcen, aber deswegen lesen Sie ja unser Buch. Gehen wir also gemeinsam auf die Reise und schauen uns an, wie Sie zu einem Meister des Aufräumens, zu einem künstlerischen Gestalter Ihrer eigenen Umgebung werden können.

Ihre Wohnung – Plattform künstlerischer Entfaltung

Wenn wir über Kunst sprechen, so stellen wir fest, dass jeder Künstler eine Plattform für seine Inspiration und seine Ideen braucht. Für den Komponisten ist es das unbeschriebene Notenblatt, für den Maler die leere Leinwand, für den Fußballer, wie wir ihn im letzten Kapitel kennengelernt haben, der Fußballplatz, für den Schriftsteller das leere Blatt Papier.

Wenn wir nun an Aufräumen denken, dann ist es der Raum, der sich als Plattform für Ihre künstlerische Entfaltung bietet. Er ist es ja, den Sie gestalten wollen. Es ist in diesem Zusammenhang egal, ob es sich um Ihre Wohnung, Ihr Büro, Ihren Keller, Ihr Haus oder nur einen Teil dessen handelt. Wir nennen diese Plattform Ihrer künstlerischen Betätigung im Weiteren schlicht «Ihren Raum». Idealerweise ist er so leer wie die Leinwand eines Malers oder das Notenblatt eines Komponisten. Vermutlich ist dem aber nicht so. Ihr Raum wird mit Möbeln oder anderen Dingen gefüllt sein. Vielleicht ist er sogar überfüllt oder so vollgeräumt, dass Sie jeglichen Überblick verloren haben und sich dessen Gestaltung nicht einmal vor Ihrem inneren Auge vorstellen können. Auch wenn es Ihnen im Moment unmöglich scheinen mag, Ihren Raum jemals umgestalten zu können – entspannen Sie sich, denn wir stellen Ihnen in diesem Buch unterschiedliche Möglichkeiten vor, wie Sie Ihre Inspiration und Phantasie dafür einsetzen können – egal, wie Ihr Raum zurzeit aussieht.

Wesentlich ist augenblicklich der Charakter Ihres Raums. Wie jeder Künstler auch müssen Sie sich mit der Beschaffenheit Ihrer Plattform beschäftigen. Der Maler muss wissen, ob er auf Leinwand, Papier oder Stoff malt, der Fußballer muss wissen, ob er auf Kunstrasen oder Naturrasen seine meisterlichen Pässe schlagen wird, und der Bildhauer muss wissen, ob er mit Metall, Stein oder Holz arbeitet. Und diese Information ist für den Künstler noch nicht ausreichend. Ist zum Beispiel das Metall, mit dem der Bildhauer arbeiten möchte, Bronze, Eisen oder Gold? Sie sehen, es gilt, einiges über Ihren Raum herauszufinden. Welchen Charakter hat er Raum, welchen soll er bekommen? Welche Lichtverhältnisse herrschen, wie ist er geschnitten? Wie sieht er leer aus, welche Emotionen ruft er hervor? Und nicht zuletzt: Welche Funktion soll er erfüllen? Dient er der Arbeit, der Freizeit, der Erholung? Handelt es sich um ein Schlafzimmer oder die Küche?

Der Hintergrund dieser Fragen ist ein ganz einfacher: Erst wenn der Künstler weiß, mit welchem Material er arbeitet, welche seine Plattform ist, kann er darüber entscheiden, was er daraus macht. Stellen Sie sich einen Maler vor, der mit Ölfarbe auf Briefpapier malen möchte. Sicher gibt es Menschen, die denken, dass das nicht geht.

Aber es ist natürlich möglich, der Maler darf jedoch nicht erwarten, dass die Farbe auf Papier so reagiert, wie sie auf Leinwand reagieren würde. Möchten Sie also gern eine Werkbank in Ihrem Badezimmer haben, ist das schon machbar. Gehen Sie aber nicht davon aus, dass Ihr Badezimmer, dekoriert mit einer Handwerkerwerkbank, dann den Charme eines damenhaften Bades hat.

Was der Künstler braucht

Kennen Sie den Spruch «Es ist noch kein Meister vom Himmel gefallen»? Er drückt aus, dass wahre Meisterschaft viel Übung erfordert. Aber nicht nur das, große Künstler vereinen eine ganze Reihe von Eigenschaften in sich, und ihnen steht eine Vielzahl an Ressourcen zur Verfügung. Sie wurden nicht mit ihnen geboren, sondern haben sie sich im Laufe ihres Lebens und Schaffens angeeignet. Aber auch Menschen, die etwas können, ohne es in der jeweiligen Disziplin zur Meisterschaft zu bringen, haben und brauchen Ressourcen. Bitte lassen Sie sich nicht von dem Wort Meisterschaft abschrecken. Ausgehend von unserer Definition von Kunst, spielt sie für uns keine Rolle. Wir verwenden den Begriff an entscheidenden Stellen, um deutlich zu machen, dass selbst große Meister nicht geboren werden. Auch ihr Können geht auf Üben und die Aneignung von Fähigkeiten zurück – und das können Sie ebenfalls. Zum jetzigen Zeitpunkt können Sie noch keine genaue Vorstellung haben, was damit zu tun hat, dass Sie sich auf neuem, unbekanntem Terrain bewegen, das erst einmal sondiert werden will. Jeder von uns ist grundsätzlich in der Lage, sich mit den erforderlichen Hilfsmitteln auszustatten und sich Fähigkeiten anzueignen. Sie könnten sonst weder aufrecht gehen noch diese Zeilen lesen. Allerdings gehen Sie schon vergleichsweise lang aufrecht und haben bereits einiges gelesen, weswegen Ihnen diese Fertigkeiten als selbstverständlich erscheinen. Einem Kleinkind von sechs Monaten geht es hinsichtlich dessen vermutlich anders. So, wie Sie momentan sich nicht sicher sind, wie man es schafft, kunstvoll aufzuräumen, so wird ein Kleinkind nicht genau wissen, wie es jemals aufrecht gehen oder gar lesen lernen kann. Ganz im Gegenteil, es ist sich nicht einmal seiner Möglichkeiten bewusst. Stellen wir uns jetzt die Frage nach den Erfordernissen für einen Künstler, um erfolgreich und befriedigend arbeiten zu können. Wir gehen davon aus, dass vier Aspekte wesentlich und ausreichend sind:

1. Inspiration
2. Werkzeug, Technik und Know-how
3. Transpiration
4. Arbeitsteilung

Was ist damit gemeint?

Inspiration

Ein Künstler braucht Ideen, Anregungen, Eingebungen. Stellen sie sich nicht ein, wird er immer auf der Suche und nie mit dem Ergebnis seiner Arbeit zufrieden sein. Sie sind grundlegende Voraussetzung – für welche Art von Kunst auch immer. Hat ein Maler keine Idee für ein Bild, wird er gar nicht erst anfangen zu malen. Besitzt der begnadete Mittelfeldregisseur im Fußball keine Vorstellung dessen, wie er das Spiel seiner Mannschaft anlegen und gestalten soll, werden seine Pässe ins Leere gehen. Kennt ein Komponist nicht die Stimmung, die er mit seiner Komposition vermitteln will, wird seine Musik langweilig klingen, falls er überhaupt etwas komponieren kann.

Wenn Sie zum Gestalter Ihres Raums werden wollen, brauchen Sie eine Idee, eine Eingebung, eine Vorstellung davon, was für eine Art Raum herauskommen soll. Nur so werden Sie etwas hervorbringen können, was Sie nicht nur glücklich macht, sondern auch befähigt, die Gestaltung beziehungsweise den Charakter Ihres Werks zu erhalten. Sie brauchen Ideen. Im weiteren Verlauf erhalten Sie viele Anregungen, wie Sie zu Ideen kommen können. Eine ganze Reihe sofort umsetzbarer werden wir Ihnen anbieten. Sie haben also die Wahl zwischen dem Finden komplett eigener Ideen und unseren Vorschlägen, die Sie teilweise übernehmen oder vollständig kopieren können. An diesem Punkt reicht es, wenn Sie im Kopf behalten, dass eine Idee die Grundlage jeglicher Gestaltung ist. Sie steht an erster Stelle, denn nichts, was menschengemacht ist, kam aus dem Nichts. Und dabei ist es ganz egal, ob wir von technischen Geräten, politischen Gesellschaftsmodellen oder von Kaugummi sprechen.

Werkzeug, Technik und Know-how

Wenn Sie nun also eine oder sogar mehrere Ideen haben, benötigen Sie die erforderlichen Werkzeuge, um diese in die Tat umzusetzen. Ein Maler braucht einen Pinsel, ein Fußballer die richtigen Schuhe und einen Ball, der Bildhauer den Meißel, der Komponist Tinte und Feder. Und es ist gut möglich, dass auch Sie Hilfsmittel benötigen. Wir werden im weiteren Verlauf herausfinden, welche Sie brauchen, um Ihren Raum als Künstler so zu gestalten, dass Sie hinterher mit dem Ergebnis hochzufrieden sind und sagen können, Ihre Ideen verwirklicht zu haben. Lassen Sie sich an dieser Stelle nicht verunsichern, denn es geht nicht darum, Sie mit Drillbohrern und Schleifmaschinen bekannt zu machen. Es könnte aber durchaus sein, dass Sie für die Umsetzung etwas benötigen, das die Arbeit statt «kompliziert» «einfach» oder statt «schwer» «leicht» werden lässt. Wenn Sie beispielsweise für die Umgestaltung Ihres Raums sechs Gläser von einem Ort zum anderen bringen müssen, können Sie das einzeln, also Glas für Glas bewerkstelligen, oder aber Sie besorgen sich ein angemessenes Tablett. Sie sehen, die benötigten Werkzeuge können ganz alltägliche Dinge sein. Und wenn wir uns dessen, was wir für die Umsetzung unserer Ideen brauchen, bewusst sind, erleichtern wir uns die Gestaltung, also die künstlerische Tätigkeit, ungemein.

Verwenden Sie stets neues Werkzeug. Werfen Sie das alte weg, damit haben Sie in der Vergangenheit gemalt, gekocht ...

Stellen wir uns einmal vor, Sie haben einen tollen Einfall für die Veränderung Ihres Raums. Und nehmen wir noch an, Sie hätten sich Gedanken über die erforderlichen Werkzeuge gemacht – eigentlich könnte es nun losgehen, oder? Damit Ihre Unternehmung aber ein Erfolg wird, müssen Sie den Umgang mit den Werkzeugen üben. Gehen wir davon aus, Sie haben vor, einen Raum umzuräumen und die Wände zu streichen. In diesem Fall wäre es nicht nur nützlich, über Farbe und Pinsel zu verfügen, sondern auch sinnvoll, zu wissen, wie Farben wirken. Ebenso sollte sich ein Bildhauer über die Einsatzmöglichkeiten seiner Werkzeuge im Klaren sein und die Beschaffenheit sowie die Eigenschaften des zu bearbeitenden Materials kennen. Und ein Komponist muss wissen, welcher Ton wie klingt, wenn man mehrere miteinander zu einer Melodie verbindet. Wir sehen, allein der Besitz von Werkzeug macht noch keinen Künstler aus, nicht einmal einen Handwerker.

Haben Sie langsam das Gefühl, dass Aufräumen zu einer Wissenschaft wird beziehungsweise wir sie dazu machen? Das ist nicht unsere Absicht, und deshalb rufen wir kurz in Erinnerung, worum es uns geht: Aufräumen soll für Sie ein Mittel der Gestaltung sein, Sie sollen die Chance erhalten, Ihren Raum künstlerisch zu verändern. Hierbei handelt es sich um eine Sichtweise, die sich von der der meisten Menschen unterscheidet. Von daher ist es sinnvoll, zuerst einmal offen zu sein. Lassen Sie sich nicht von uns irritieren, bleiben Sie einfach am Ball. Am Ende des Buches erwartet Sie ein ganz persönliches Ergebnis, das noch in der Vorbereitung ist.

Transpiration

Thomas Alva Edison, der Erfinder der Glühlampe mit Gewinde, soll gesagt haben, etwas zu erfinden gehe zurück auf 20 Prozent Inspiration, die verbleibenden 80 Prozent auf Transpiration. Was hat er damit gemeint? Man könnte diesen Satz folgendermaßen interpretieren: Wer nur Ideen hat, wird wenig erreichen. Auf einen Einfall folgt die Tat, ansonsten bleibt es bei brotloser Kunst. Zudem kann die Umsetzung einer Idee immer wieder von Zwischenfällen und Variablen gestört werden, mit denen man nicht gerechnet hat. Wir wissen nicht, wie lang Edison experimentieren musste, bis er einen Glühdraht parat hatte, der den Anforderungen einer Glühlampe entspricht. Allein eine Idee macht noch nicht den Erfolg, aber sie ist die Basis. Erfolg beruht auf Arbeit, auf Versuchen sowie Fehlern, auf Umdenken und Ausprobieren. Bezogen auf unser Thema kann man sagen: Haben Sie eine Idee, wie Ihr Raum aussehen, was er ausstrahlen und wie er sich anfühlen soll, müssen Sie anschließend mit der Realisierung beginnen und Spaß am Entwickeln und Ausprobieren haben. In diesem Buch werden Sie viele konkrete Anregungen bekommen, zum Beispiel über die Wirkung von Farben. Es kann auch immer wieder sein, dass nichts ist, wie es scheint. Mit anderen Worten, Dinge können im Ergebnis ganz unterschiedlich sein. Das, was wir für richtig halten, kann sich für Sie in der Umsetzung ganz anders darstellen. Hier gilt es nun, selber auszuprobieren. Glücklicherweise ist uns allen die Transpiration gegeben, soll heißen, wir alle können arbeiten, ausprobieren, hinfallen und wieder aufstehen. Um noch einmal das Bild vom Kleinkind zu bemühen: Die Idee, nach einem Sturz aufzustehen und gehen zu können, scheint ihm sehr attraktiv. So kommt es einfacher an die interessanten Dinge auf dem Tisch heran, es kann sich schneller fortbewegen, und schließlich gehen «die Großen» ja auch aufrecht. Erinnern Sie sich, wie oft Sie hingefallen und wieder aufgestanden sind, bevor Sie aufrecht gehen konnten? Letztendlich haben Sie sich nicht entmutigen lassen, sonst würden Sie sich immer noch auf allen vieren fortbewegen. Und genauso wird es sein, wenn Sie zum Künstler des Aufräumens werden. Wir alle können malen, tragen, heben, stellen, umräumen und so weiter. Wer jetzt sagt, er könne das eine oder andere nicht, sei auf später verwiesen. Als Grund, irgendetwas nicht (selbst) zu tun, mag es gelten, aber nicht als Entschuldigung. Gehen wir für den Moment davon aus, dass wir alle etwas tragen können. Nehmen wir als Beispiel ein Glas, das transportiert werden soll, was wir uns alle vorstellen können. Aber wohin soll es getragen werden? Solange wir davon keine Vorstellung haben, nützt uns der Fleiß nichts. Mit anderen Worten: Fleißig sein und schwitzen können wir alle, aber nur mit einer guten Idee ist es die Mühe wert, eine sinnvolle Transpiration. Insofern machen Sie sich darüber sowie die körperliche Arbeit, den Fleiß und das Experimentieren keine Sorgen. Sobald Sie eine Idee haben, wird Ihnen die Arbeit leichtfallen, weil Sie wissen, was der Sinn Ihres Tuns ist.

Arbeitsteilung

An dieser Stelle wird es wieder etwas einfacher. Denn wenn Sie künftig Aufräumen als Kunst und Ihren Raum als Plattform verstehen und erleben wollen, können Sie auf das altbewährte Prinzip der Arbeitsteilung zurückgreifen. Das heißt, eigentlich brauchen Sie nicht einmal eine Idee. Jeden Schritt zur Gestaltung Ihres Raums können Sie auch anderen überlassen. Die Frage ist nur, was Sie glücklich macht. Ist es für Sie ausreichend, lediglich die Idee zu haben, die Gestaltung an sich sowie deren Umsetzung aber anderen zu überlassen, so ist das möglich. Stellen Sie an bestimmten Stellen fest, dass Sie gewisse Dinge lieber an andere delegieren möchten, ist das ebenfalls machbar. Eine ganze Reihe berühmter Modedesigner sorgt nur noch für die Grundidee einer neuen Linie. Den ganzen Rest, von der Ausarbeitung der Idee bis zu dem Zeitpunkt, an dem die Kollektion beim Kunden landet, überlassen sie anderen. Sie sind dennoch die Urheber der Kollektion, gelten gar als große Künstler und Meister. Im Laufe dieses Buches werden Sie lernen, für sich herauszufinden, welche Dinge Sie selber machen können und wollen und welche Sie lieber auslagern möchten. Zum jetzigen Zeitpunkt müssen Sie sich darüber aber noch keinerlei Gedanken machen. Es geht lediglich darum, die Vorarbeiten zu leisten. In wenigen Augenblicken geht es los, wir starten und machen uns auf den Weg in Ihr neues Leben als Künstler, als bewusster Gestalter Ihrer eigenen Umgebung. Wenn Sie uns bis hierher gefolgt sind, dann haben Sie sich dazu entschlossen, die Idee von sich selbst als Künstler attraktiv zu finden. Sie sind vermutlich auch daran interessiert, zu erfahren, wie Aufräumen für Sie künftig zu einer Kunst werden kann. Zudem haben Sie eine Definition von Kunst erhalten. Des Weiteren sind Sie um ein paar Anregungen reicher und wissen, was ein Künstler braucht, um seine Kunst auszuüben. Vielleicht haben Sie alles, was wir Ihnen bis jetzt angeboten haben, übernommen, vielleicht haben Sie also nur einen Teil akzeptiert und einzelne Aspekte durch eigene Gedanken, Definitionen und Ideen ersetzt. Das ist selbstverständlich, gut und in Ordnung. Von jetzt an wird aus dem Buch ein Arbeitsbuch einschließlich Fragen und Impulsen sowie Arbeitsaufgaben, manchmal sogar Anweisungen. Sie können damit ganz nach Ihren Vorstellungen arbeiten. Machen Sie sich das Buch zu eigen. Es gibt kein Richtig oder Falsch, nichts, was allgemeingültig ist. Sie können wie bisher alles oder nur Teile des Inhalts für sich nutzen, mit ihnen arbeiten. Hauptsache, es kommt etwas zur Anwendung, denn wie wir bereits zu Beginn ausgeführt haben, erhellt Lesen allein zwar den Geist, aber nicht die Wohnung. Sind Sie bereit? Dann lassen Sie uns loslegen!

Sich innerlich und äußerlich bereit machen

Jetzt ist es Zeit für Ihren ersten Schritt Richtung Aufräumen: Es geht zunächst darum, Ideen zu entwickeln und Ihre Gedanken frei schweifen zu lassen. Was Sie sich jetzt überlegen, muss nicht sofort umgesetzt werden. Es geht erst einmal darum, Grenzen zu verschieben und eine neue Vorstellung von Gestalten zu bekommen.

Lassen Sie die ersten Gedanken gern noch etwas auf sich wirken. Wir haben Zeit, hetzen Sie nicht. Und doch – je schneller Sie motiviert sind und sich animiert fühlen, aktiv zu werden, desto besser für Sie beziehungsweise für Ihr Vorhaben!

Können wir davon ausgehen, dass Sie Lust haben, weiterzumachen? Also los! Jetzt beginnt die Vorbereitung auf den praktischen Teil. Dann wird nicht mehr gedacht, sondern gemacht! Sie haben eine Entscheidung getroffen, die über den vorgefassten Wunsch und das bloße Wollen hinausgeht.

Denken Sie immer daran, dass es allein um Ihr Wohlbefinden, um Ihr Leben geht, das Sie heute neu organisieren und in die Hand nehmen wollen.

Vorweg sollten Sie für eine angenehme Atmosphäre sorgen. Vielleicht steigen Sie in Ihre Wohlfühlkleidung, legen Ihre Lieblingsmusik auf, zünden Räucherstäbchen oder (Duft-)Kerzen an – auch am helllichten Tag – und stellen eine Schale mit Obst, Gemüse und ein wenig Nervennahrung bereit – dann geht es los. Wichtig dabei ist, dass Sie Kontrolle über Ihr Umfeld gewinnen. Damit sind sämtliche Dinge gemeint, die Sie umgeben. Selbst das, was sich nicht in Ihrem Blickfeld befindet, hat eine ganz eigene Wirkung auf die Energiefelder um Sie herum.

Ideen an und für sich

Ideen kann man nicht bestellen. Sie kommen, wenn wir nicht mit ihnen rechnen. Ziehen wir offen durch die Gegend, schnappen wir hier und da eine schöne Idee auf, mit der wir uns identifizieren können. Viele Menschen gehen nie ohne Stift und Papier aus dem Haus. Spontane Ideen sollten nämlich festgehalten werden. Sie sind kleine Schätze, die zu schnell wieder in Vergessenheit geraten, wenn wir sie nicht aufschreiben.

Das größte Instrument für die Gestaltung Ihrer Wohnung und Ihres Lebens ist Ihr Kopf! Mit ihm entwickeln Sie Ideen, er lässt Träume und Visionen entstehen und wachsen. Gleichzeitig ist er Sammelstelle für Anregungen und Ausgangspunkt des Antriebs. Es gibt Menschen, die vor lauter originellen Ideen überlaufen. Sie überfallen mit diesen auch allzu gern ihre Mitmenschen, doch bei eigener Umsetzung kommen Sie selbst nicht in die Gänge. So soll es Ihnen nicht ergehen, deshalb machen wir jetzt den ersten Schritt und bringen Ideen aufs Papier!

Damit Ihr Kopf nicht platzt vor lauter Information, sollten Sie nach und nach Ihre Festplatte löschen (übrigens auch die Ihres Computers). Achten Sie in der Praxis unbedingt darauf, wo Ihrem Schaffen Grenzen gesetzt sind. Geht es um Wasser-, Gas- und Elektroinstallationen, muss ein Profi her. Denn dabei spielen Sie nicht nur mit Ideen und Kreativität, sondern mit Ihrem Leben! Was, wenn aber Ihr Kopf leer bleibt, Sie weder Ideen entwickeln noch Neues entdecken oder sich die Anregungen nicht merken können? Holen Sie sich Unterstützung! Das Internet hält Tricks und Tipps von Menschen aus aller Welt bereit, die ihre Wohnungstür für Sie öffnen. Gehen Sie in Buchhandlungen, ziehen Sie Einrichtungsbücher aus den Regalen und staunen Sie darüber, was Menschen eingefallen ist, worauf Sie selbst im Leben nicht gekommen wären. Nicht schlimm, denn dafür sind diese Bücher da, Ihre persönlichen Stärken liegen eben woanders. Oder stöbern Sie in Magazinen, Einrichtungsläden, in Katalogen und Bastelbüchern.

Schauen Sie, was sich umsetzen und verwirklichen lässt. Vergessen Sie aber nicht, dass Sie unser Buch in den Händen halten, weil Sie Ihr Zuhause aufräumen, verändern, verschönern, umgestalten wollen. Auch wenn Bücher und Internetforen für jeden Raum, für jede Wohnungsgröße und für jeden Geldbeutel Tipps ausspucken und wahre Schatztruhen sind, Sie haben ein Ziel, das Sie nicht aus Ihren Augen verlieren dürfen! Natürlich setzen Sie an einem einzigen Tag nicht alles um – denken Sie an Rom. Ungeduld ist keine Tugend, und wenn Sie erst einmal begonnen haben, eine Liste zu machen und eine persönliche Collage zu basteln mit all den Dingen, die Sie in Zukunft umgeben sollen und die Sie reizvoll finden, ist das ein guter Anfang. Überlegen Sie, was vor dem Sperrmüll gerettet werden kann, weil sich daraus mit Pinsel, Farbe oder Stoff und Tapetenresten Schmuckstücke machen lassen.

Wandel soll Spaß machen und erfreuen. Vergessen Sie nicht, dass, wenn sich Ihre Wohnung verändert, sich auch in Ihrem Leben einiges tut, schneller als gedacht. Bekommen Sie also Lust auf Ihre Wohnung!

Vielleicht fangen Sie sogar richtig Feuer und entdecken für sich ein neues Hobby. Möglicherweise finden sich unter Ihren Freunden Anhänger, die ebenfalls gern etwas verändern möchten, deren Antrieb aber nicht reicht? Basteln Sie gemeinsam, schwingen Sie den Pinsel und mischen Sie sich gute Laune an!

Ideenfindung

Ideen entstehen, wenn wir entspannt sind und im wahrsten Sinne des Wortes den Kopf frei haben. Wir kennen Ihre Wohnung nicht, wissen nicht, wie sie aussieht. Vielleicht finden Sie sie in Ordnung, wie sie ist, und wollen nur einen neuen Zugang zum Thema Aufräumen. Vielleicht ist Ihre Wohnung zwar aufgeräumt, gefällt Ihnen aber nicht. Vielleicht herrscht in Ihrem Zuhause auch ein großes Chaos, möglicherweise bereits seit Jahren. Wie auch immer Ihre Wohnung aussieht, jetzt geht es darum, wie sie bald aussehen könnte. Begeben Sie sich an einen Ort, an dem Sie kreativ sein können. Wo könnte das sein? Manche Menschen gehen spazieren, wieder andere legen sich in die Badewanne oder gehen in ein Café. Jeder Künstler hat seine eigenen Orte, an denen er kreativ sein kann, an denen Bilder im Kopf entstehen oder Melodien Form annehmen. Manchen zieht es in die Natur, andere bevorzugen hingegen besonders belebte Plätze. Finden Sie mit uns den Ort, an dem Sie kreativ sein können. *Bad + Grt-Ernner oder Bach*

Beantworten Sie für sich folgende Fragen am besten schriftlich, denn so lässt sich später nachlesen, was man schon in Erwägung gezogen und entwickelt hat. Wir neigen dazu, dass wir das, was wir können, klein zu denken, weil es uns normal erscheint. Umgekehrt überhöhen wir das, was wir nicht können, weil es uns rätselhaft erscheint. Lassen Sie sich zudem Zeit und beantworten Sie die Fragen sorgfältig und vor allem ehrlich. Schließlich geht es hier um etwas Neues und um Sie ganz persönlich. Gönnen Sie es sich, sich intensiv mit sich selbst und Ihren Wünschen und Ideen zu beschäftigen. Wem sollte das besser gelingen als Ihnen? Und noch ein kleiner Tipp: Wenn Sie eine Frage spontan nicht beantworten können, dann sind Sie auf dem richtigen Weg. Denn das würde bedeuten, dass Sie in diese Richtung noch nicht intensiv genug gedacht haben und Sie sich auf den Weg zu Neuem machen. Und genau das ist es, was wir wollen. Wie gehabt zu denken, Althergebrachtes zu produzieren, ist wenig sinnvoll, wenn Sie künftig anders mit dem Thema Aufräumen umgehen wollen. Immer dann, wenn Sie wie aus der Pistole geschossen «Weiß ich nicht» antworten, wiederholen Sie die Frage und schreiben Sie auf: «Genau, deswegen denke ich jetzt mal richtig nach.»

und hier kommen die Fragen:

Wann hatten Sie Ihre letzte gute Idee? Eine Idee, an die Sie mit Freude und vielleicht auch Stolz zurückdenken.
Wo waren Sie damals?
Wie sah der Ort aus?
Was haben Sie an dem Ort gehört?
Wie haben Sie sich gefühlt?
Was inspiriert Sie generell (Umgebung, Menschen, Geräusche, Gerüche, Gefühle)?
Wo fühlen Sie sich richtig lebendig?
Welche Menschen machen Ihnen Mut und inspirieren Sie?

Wenn Sie diese Fragen beantwortet haben, wissen Sie mehr über sich und Ihre Kreativität. Suchen Sie jetzt den Ort auf, wo Sie kreativ sein können. Ist es ein Zimmer, sorgen Sie für die Atmosphäre, wie wir sie vorhin beschrieben haben. Sind es vor allem Menschen, die Sie inspirieren, treffen Sie mit Ihnen eine Verabredung. Und handelt es sich um Orte anderer Art, suchen Sie auch diese auf oder begeben Sie sich im Geiste dorthin, um Ihre Kreativität zu stimulieren. Damit legen Sie den Grundstock für Ihre eigene Kunst.

Erste Schritte – auf dem Papier

Befinden Sie sich erst an dem Ort, wo Sie kreativ sein können, geht es nun darum, völlig frei die Gestaltung Ihres Raums zu entwickeln. Es bietet sich an, sich dafür aller Scheren im Kopf zu entledigen. Gibt es etwas, das bei der Gestaltung Ihrer Umgebung untersagt ist? Unseres Wissens nach nicht, es sei denn, Sie vermeiden es unbewusst oder gehen davon aus, dass «man etwas so macht». Lassen Sie sich von niemandem sagen, wie Ihre Wohnung (nicht) auszusehen hat. Damit ist nicht gemeint, dass, eigene Ratlosigkeit vorausgesetzt, Hilfe bei der Umgestaltung unnütz oder tabu ist, im Gegenteil. Wenn Sie aber Aufräumen als Kunst betrachten und sich dabei frei und unabhängig fühlen, dann sollten Sie diese künstlerische Freiheit auch behaupten und in vollen Zügen genießen. Dort, wo Sie kreativ tätig werden, beantworten Sie bitte folgende Fragen schriftlich: *atelier*

Welche Zimmer gehören zu Ihrer Wohnung? *HZ / WZ / SZ / BZ Kü / Esszim*
Und welche Zimmer Ihrer Wohnung wollen Sie verändern? *alle*

Wenn Sie damit fertig sind, nehmen Sie sich jeden Raum einzeln vor und beantworten Sie die weiteren Fragen, ebenfalls schriftlich:

Was wollen Sie künftig in dem betreffenden Raum machen?
Wer wollen Sie dort sein?
Was wollen Sie dort fühlen?
Welche Bilder mögen Sie und was davon möchten Sie in dem Raum umsetzen?
Welche Farben finden Sie schön?
Was soll in dem Raum künftig nicht mehr zu sehen sein?
Was möchten Sie stattdessen sehen?
Angenommen, Sie sollen dem Raum einen Filmtitel geben, wie würde dieser lauten?

Ein Tipp: Sollte Ihre Wohnung vollgestopft sein, vielleicht sogar chaotisch, so wird es wenig nutzen, wenn Sie inmitten des Chaos kreativ sein wollen, denn es wird Sie beeinträchtigen. Für diesen Fall haben wir einen Vorschlag, wie Sie trotzdem in Ihrem Raum kreativ arbeiten können: Messen Sie die Wohnung aus und zeichnen Sie die Räume schematisch auf ein Blatt Papier. Lassen Sie die einzelnen Zimmer leer. Basteln Sie sich nun Modelle oder Symbole für Ihre Möbel. Entweder setzen Sie die, die Sie bereits besitzen, oder die Möbel, die Sie besitzen möchten, bildlich um. Diese Miniaturen können Sie frei in den eingezeichneten Räumen auf Ihrem Blatt Papier hin und her schieben. Sie bekommen so auch schnell ein Gefühl dafür, wann ein Raum mit Möbeln und Gegenständen gut bestückt ist und ab wann er überfüllt ist. Sie können, wenn Sie ganz genau sein wollen, auch Platzhalter für Überflüssiges anfertigen und Ihre Wohnung zunächst so nachbilden, wie sie zurzeit eingerichtet ist. Anschließend können Sie auf dem Papier entrümpeln. Das Interessante daran ist, dass Sie beim Hin-und-her-Schieben eine Idee davon bekommen, wie die einzelnen Zimmer in der Realität aussehen könnten und wie es sich anfühlen würde, sich darin aufzuhalten. Sie haben die Möglichkeit, gegebenenfalls aussortierte Dinge zur Seite zu legen und sie jederzeit wieder hervorzuholen. Sie können wie in einem Planspiel vorgehen, ohne Nägel mit Köpfen zu machen. Das hat den Vorteil, dass vermeintlich schwerwiegende Entscheidungen (beispielsweise ob man seine Bücherkisten behalten oder weggeben soll) auf dem Papier simuliert werden können, ohne dass Sie bereits vollendete Tatsachen schaffen. Sie sehen, dass vor der Umsetzung erst einmal freies Denken und Entwickeln angesagt und erlaubt ist.

An dieser Stelle ein kleiner Hinweis:

Sie werden auf der ganzen Welt keinen Künstler finden, egal, welche Kunst er ausübt, und unabhängig davon, wie kreativ er ist, der sich nicht auch von anderen inspirieren lässt. Niemand, nicht einmal die größten Meister entwickeln das, was sie schaffen, komplett aus sich selbst heraus, denn wir alle werden täglich inspiriert von Dingen, die um uns herum geschehen. Es stellt sich nur die Frage, wie wir mit dieser Inspiration umgehen. Nehmen wir Dinge als interessant wahr, schenken wir ihnen Aufmerksamkeit, oder gehen wir achtlos an ihnen vorüber und vertun damit die Chance, uns weiterzuentwickeln? Wir raten Ihnen, sich inspirieren zu lassen, wovon auch immer. Und arbeiten Sie stets mit oben stehenden Fragen, bis Sie sie beantworten können und eine Ahnung haben, wie Sie an eine Aufgabe herangehen. Und lassen Sie sich schon an dieser Stelle Zeit, damit Sie später mit Ihrem Werk zufrieden sind. Überlegen Sie einmal kurz, wie lang Sie gebraucht haben, um Ihren Raum oder Ihre Wohnung in den jetzigen Zustand zu bringen, der Ihnen, wohlgemerkt, nicht gefällt. Und setzen Sie sich angesichts der bevorstehenden gewollten Veränderung nicht unter Druck. Nicht durch sich selbst und schon gar nicht durch uns.

Ihre Heldenreise oder Gib der Kunst einen Namen

An dieser Stelle machen wir eine kleine Pause und schauen einmal, wie weit Sie es auf Ihrem Weg zum Künstler des Aufräumens und Gestaltens schon gebracht haben. Am Anfang stand der Entschluss, aus Aufräumen eine Kunst zu machen. Wir haben uns auf eine Definition von Kunst geeignet, an die Sie sich halten können. Sie wissen grundsätzlich darüber Bescheid, was ein Künstler können sollte und was er braucht. Und Sie haben bereits begonnen, kreativ zu sein, sowie eine ganze Reihe von Fragen beantwortet. Diese Antworten sind wesentlich für die Umsetzung und werden Sie künftig begleiten. Vielleicht stellen Sie sich die Fragen während des Schaffensprozesses erneut und beantworten sie für sich neu. Sie sehen, Sie sind mitten auf dem Weg. Der nun folgende Schritt wird oftmals vernachlässigt.

Wenn man seine Umgebung verändert, kann es sein, dass auch das Leben ein anderes sein wird, da jede Veränderung auch einen (Teil-)Abschied von Vertrautem und von Gewohnheiten bedeutet. Wie wir unlängst wissen, mutet der Plan an sich simpel an, und Tipps wie «Du musst doch nur aufräumen» sind schnell dahergesagt. Sie vernachlässigen aber, wie schwirig das Beschreiten des Wegs sein kann. Veränderung ist eine Herausforderung. Das alte Verhalten haben wir ja gut geübt, beherrschen es also bestens. Sie waren schon immer chaotisch, haben bisher nie auf Farben oder Gestaltung geachtet und bislang nur in eine bestimmte Richtung gedacht und gehandelt? Dann sind Sie darin ein Meister. Nun haben Sie wie unlängst zusammengefasst ein gutes Stück des Wegs zum Künstler zurückgelegt und eine neue Denkweise eingeübt, was vielleicht unbewusst geschehen ist. Dies ist die Basis dafür, dass Sie künftig das neue Verhalten ebenfalls gut beherrschen werden. Ob Sie es glauben oder nicht, Sie befinden sich auf Ihrer ganz persönlichen Heldenreise. Veränderung setzt Mut voraus, und wer trotz Bedenken und Angst vor möglichen Problemen dennoch losgeht, kann mit Fug und Recht als Held bezeichnet werden. Heldentaten zeichnen sich nicht durch Waghalsigkeit und Übermut aus, sondern vor allem durch die Überwindung von Angst und die daraus erfolgende Handlungsfähigkeit. Stellen wir uns hier und jetzt vor, die Helden unseres eigenen Wegs zu sein. Indem wir trotz aller Unwägbarkeiten und obwohl es viel sicherer, angenehmer, bequemer wäre, bei Altbewährtem zu bleiben, etwas Neues probieren, wachsen wir über uns selbst hinaus, und das macht uns stark. Gehen wir also weiter, setzen wir unsere persönliche Heldenreise fort! Dies ist ein großer Moment und muss gewürdigt werden. Geben wir unserem Vorhaben einen Namen. *Phoenix*

Wie soll Ihre persönliche Heldenreise auf dem Weg zum Künstler des Aufräumens also heißen? Als was möchten Sie das Ergebnis, auf das Sie am Ende mit Stolz blicken können, bezeichnen? Geben Sie Ihrer Kunst einen Namen. Lassen Sie sich Zeit, denken Sie in Ruhe nach, begeben Sie sich an den Ort, wo Sie kreativ sind. Lassen Sie den Blick in die Ferne schweifen und die Gedanken vorbeiziehen. Es gibt kein Richtig oder Falsch – das, was zählt, sind allein Ihre Eingebung und Ihre Ideen. Wenn Sie sich entschieden haben, schreiben Sie den Namen hier auf, Ihr Ziel braucht eine Überschrift – und zwar eine große.

Alles, was während der Lektüre dieses Buches und darüber hinaus geschieht, fällt unter die Überschrift des Kapitels Ihrer persönlichen

Heldenreise in ein neues Leben als Künstler des Aufräumens. Legen Sie das Buch nun zur Seite und feiern Sie sich und das, was Sie bis jetzt erreicht haben. Machen Sie ein kleines Fest mit Freunden, der Familie oder bleiben Sie für sich, ganz wie Sie mögen. Lassen Sie andere Menschen wissen, dass Sie auf einem guten Weg sind und wie Ihr Ziel, Ihre Kunst, Ihre Heldenreise heißt. Erscheint Ihnen das übertrieben? Das ist damit zu erklären, dass das Feiern eines Erfolgs in unserer Gesellschaft, die oftmals vor allem mangel- und fehlerorientiert denkt, nicht zu den Grundtugenden gehört. Man schaut lieber nochmal genauer hin, warum etwas nicht geklappt hat oder warum und wo die nächste Gefahr lauert. Eher schimpft man über das, was besser hätte funktionieren können, als dass man sich über Gelungenes freut. Somit wundert es kaum, dass eher schlechte Stimmung herrscht und Druck entsteht. Wie wäre es, wenn man Freude zulässt, Erfolge feiert und dennoch sorgfältig arbeitet? Die in unserer Kultur angenommenen Gegensätze sind eigentlich keine, sondern die beiden Seiten einer Medaille, nämlich der des erfolgreichen Handelns. Und deswegen gilt für uns: Nehmen Sie das Buch erst wieder zur Hand, wenn Sie Ihre kleine Feier ausgiebig genossen haben.

Basics für die Praxis

Bitte vergegenwärtigen Sie sich noch einmal, was Sie bislang auf Ihrer Heldenreise erfahren, ausprobiert, zugelassen, in Erwägung gezogen, verworfen, sich angeeignet und gefühlt haben. Zuletzt haben Sie Ihrem großen Abenteuer, der Veränderung zum Künstler, Ihrer Heldenreise, sogar einen Namen gegeben und haben sich den Genuss einer kleinen Feier gegönnt.

Kommen wir nun zu dem, was Sie bei der praktischen Umsetzung, wenn Sie sich ans Werk machen, benötigen und berücksichtigen müssen. Wir fassen diese Begriffe weit. Sie finden im Folgenden Sichtweisen und Anregungen, die teilweise auch zum Kapitel «Inspiration» passen würden. Lassen Sie sich davon nicht irritieren. Der künstlerische Prozess lässt sich nicht so klar strukturieren wie eine To-do-Liste. Der Charakter eines Prozesses ist es ja gerade, dass sich Dinge ändern können. Wenn Sie also im Folgenden neue Ideen entwickeln, dann fügen Sie diese einfach Ihren bisherigen Aufzeichnungen hinzu.

Um überhaupt irgendetwas in und mit Ihrem Raum tun zu können, brauchen Sie eine Idee davon, wie es darin später aussehen soll. Sie müssen wissen, was Ihr Raum ausstrahlt, welche Funktion er haben soll, vielleicht auch, wem Sie ihn gern zeigen wollen, wie es sich anfühlen soll, in dem Zimmer zu wohnen. Jetzt ist Ihre Vorstellungskraft, Ihre Kreativität gefragt. Als Anregung bieten wir Ihnen an dieser Stelle eine kleine Raumkunde. Im Folgenden finden Sie Beschreibungen von Räumen. Es geht darum, was diese sein können, aber auch, wie wir sie oft (be-)nutzen. Sie finden hier Anregungen und Beispiele, wie eine attraktive Gestaltung aussehen könnte.

Unser Zuhause sind wir. Die Bücher, die dort stehen, die Musik, die aus den Boxen kommt, Stil, Licht, Farben – ein Spiegel unserer Persönlichkeit.

Nehmen Sie sich einen Bleistift und unterstreichen Sie die Stellen im Text, die Sie für sich akzeptieren können. Wenn Sie mit einer Raumcharakterisierung nicht einverstanden sind oder eine andere Idee attraktiver finden, dann notieren Sie diese im Buch oder auf einem separaten Blatt Papier. Während Sie im Geiste durch Ihre Räume gehen, stimmen Sie ab, welche Beschreibungen, auch die negativen, auf sie passen. Sollten unsere Beschreibungen nicht auf Ihre Räume oder Ideen zutreffen, ersetzen Sie einfach unsere Worte durch Ihre eigenen.

Drei Stimmungssäulen

Wir sprachen eingangs von der Stimmung, der Atmosphäre, die für eine Wohnung charakteristisch sind. Sie erst machen den Wohlfühleffekt aus und wecken Lust zu verweilen. Aber worauf sind Atmosphäre und Stimmung zurückzuführen? Was bringt sie zum Zünden?

Wir möchten Ihnen an dieser Stelle etwas vorstellen, das sowohl Werkzeug als auch Technik und Inspiration für Sie sein kann. Es geht um drei Aspekte, die wir Stimmungssäulen nennen. Es handelt sich um:

- Farbe
- Licht
- Duft

Die Wirkung dieser drei Stimmungssäulen kann überragend sein, sowohl positiv wie auch negativ. Vielleicht haben Sie während Ihrer Reise bereits über Farbe, Licht und Duft nachgedacht und sich eventuell Notizen dazu gemacht. Betrachten Sie unsere folgenden Anregungen schlicht als Option, als Mittel der Ergänzung, oder lassen Sie sich neu inspirieren. Schließlich geht es uns nicht darum, möglichst schnell etwas abzuschließen, sondern um das Wissen der sich bietenden Möglichkeiten und um Freude am Aufräumen zu entwickeln. Dies schließt im weiteren Verlauf wieder die Beantwortung einiger Fragen ein.

Farben

Farben wirken! Wie fühlen Sie sich in einem roten, weißen, einem bunten, blauen oder braunen Raum? Meinen Sie, dieselbe Umgebung wirkt mit einem neuen Farbanstrich anders? Ja, das tut sie! Eine Farbe oder eine Tapete ist sozusagen das Kleid eines Raums. Wenn ich Sie erinnern darf: Auch Sie wirken in schwarzer Kleidung anders als in gelber oder mehrfarbiger. Bevor Sie weiterlesen, beantworten Sie bitte die folgenden Fragen und notieren Sie die Antworten, Sie werden sie später brauchen:

Was sind Ihre Lieblingsfarben?
In welchen Ihrer Räume wollen Sie schon seit längerer Zeit die Farben
  verändern?
Was wissen Sie über die Wirkung von Farben?

Farbe ist nicht gleich Farbe. Sie kann beleben, Gefühle, Erinnerungen, Bilder und Reize in uns auslösen, weshalb die richtige Farbwahl einen entscheidenden Einfluss auf unser Lebensgefühl hat. Das gilt für Textilien wie auch für die Gestaltung unserer Räume. Denken Sie an Ihre Garderobe, Sie wissen, von welchem Unterschied ich spreche. Farben beeinflussen das Tragegefühl des jeweiligen Kleidungsstücks, durch sie wirken wir auf unser Umfeld und können Menschen magisch anziehen oder diese unwissend und unbeabsichtigt abstoßen. Dasselbe trifft natürlich auf Gerüche zu. Das Wissen um die Wirkung von Farben, aber auch Ihre persönlichen Assoziationen sind nicht unerheblich, wenn Sie Ihrem Zuhause ein neues Make-up verpassen. Doch wie bei der Wahl des richtigen Make-ups ist auch das «Colour-up» etwas, das sich auf unsere Gesundheit auswirkt. Farben wirken auf die Psyche, können uns regelrecht in den Schatten stellen und wirken somit zwangsläufig auch auf unseren Körper. Es gibt kalte (blau bis grün) und warme (gelb bis rot) Farben. Ein nach Norden ausgerichteter Raum wirkt aufgrund des Lichts oft kühl, was mit warmen Farben ausgeglichen werden kann. Geht ein Zimmer nach Süden raus, können kalte Farben das intensive und wandernde Tageslicht mildern, was insbesondere an heißen Sommertagen angenehm ist. Indem man kalte und warme Farbtöne ungezwungen miteinander kombiniert, wird eine heitere, jugendliche Wirkung erzielt. Kalte Farben können sich mit Beige- und Cremetönen abwechseln, was ihren Effekt dämpft, sie sozusagen neutralisiert. Warme Töne sorgen in einem Raum für mehr Behaglichkeit. Sie sollten eine Farbe aber grundsätzlich im Zusammenhang, das heißt das Gesamtbild des Zimmers betrachten. Ebenso sprechen wir nicht ausnahmslos von einem neuen Wandanstrich, sondern beziehen auch die Farben Ihrer Möbel mit ein, wenn wir diese im Einzelnen durchgehen. An dieser Stelle noch ein kleiner Hinweis für die Damen unter uns: Eine Handtasche kann noch so schmuck sein, passt Sie aber nicht zum Outfit, verliert sie schnell ihren individuellen Charme und wird als störend empfunden. Sollten Sie mit Streifen, Mustern und einer Anzahl von Farben experimentieren, bedenken Sie bitte, dass man sich auf Dauer an einer Komposition/Textur auch satt sehen kann. Unterschätzen Sie also nicht die Wirkung von kombinierten Farben und setzen Sie vielmehr Akzente, denn diese sind austauschbar!

Rot
Rot ist die Farbe des Feuers. Sie erregt Aufmerksamkeit, steht für die Liebe, Leidenschaft, Vitalität und Energie. Rot kann jedoch auch aggressiv und aufwühlend wirken, da sie ebenso Wut, Zorn und Brutalität verkörpert. Rotes Licht ist wärmend, anregend und weckt die Sinne. Aber es kann auch Gemüter erhitzen, nicht bloß aktivieren. Es regt den Kreislauf, den Stoffwechsel und das Immunsystem an. Rote Kleidung steht für Selbstbewusstsein. Beispielsweise Fingernägel oder Lippen in dieser Farbe wirken sexy und stimulierend. In Räumen sollte Rot nur als Impuls eingesetzt werden, denn zu viel davon macht unruhig. Des Weiteren wirkt es appetitanregend und luststeigernd. Rot in Kombination mit Ockertönen erzielt höchste Liebenswürdigkeit und erfüllt Räume mit Leben. Insgesamt ist und bleibt es aber eine mutige Farbe!

Orange
Orange ist die Farbe der untergehenden Sonne. Es symbolisiert Optimismus und Lebensfreude, signalisiert Aufgeschlossenheit, Kontaktfreude, Jugendlichkeit, Gesundheit und Selbstvertrauen. Orange kann aber auch Leichtlebigkeit, Aufdringlichkeit und Ausschweifung vermitteln. Diese Farbe ist ein Stimmungsaufheller, kann Ängste und Depressionen lindern und hilft bei Bauchbeschwerden, Unterleibsproblemen und fördert die Nierenfunktion. Kleidung in Orange steigert die Anziehungskraft. Orangefarbene Räume fördern Geselligkeit und strahlen Gemütlichkeit aus. Orange ist die ideale Farbe für Zimmer mit wenig Tageslicht sowie für Küchen oder Esszimmer.

Gelb
Gelb ist die Farbe der Sonne. Es sorgt für Helligkeit, vermittelt Heiterkeit, Optimismus sowie Freude. Als Träger von Kleidung in dieser Farbe strahlt man Selbstbewusstsein und Lebensfröhlichkeit aus. Ein klares Gelb steht auch für Wissen, Weisheit, Vernunft und Logik. «Schmutzige» Gelbtöne hingegen lösen negative Assoziationen wie Täuschung, Rachsucht, Pessimismus, Egoismus, Geiz und Neid aus. Da Gelb entgiftend wirkt, wird es bei Rheuma, Leberfunktionsstörungen und bei einem schwachen Immunsystem eingesetzt. Gelbtöne lassen kleine Räume größer wirken. Da es Konzentration und Kreativität fördert sowie anregend auf Unterhaltungen wirkt, ist Gelb die ideale Farbe für Kinderzimmer und Konferenzräume. Einem eher kühlen Ambiente gibt es einen einladenden Anstrich.

Grün
Grün ist die Farbe der Natur, der Wiesen und Wälder. Es ist eine beruhigende, harmonisierende Farbe und steht für Großzügigkeit, Sicherheit, Harmonie, Hoffnung sowie die Erneuerung des Lebens. Sie kann aber auch Gefühle wie Neid, Gleichgültigkeit, Stagnation und Müdigkeit vermitteln. In der Farbtherapie wird Grün bei Herzkrankheiten eingesetzt. Auch Trauer, Wut und Liebeskummer können durch grüne Farbtöne gelindert werden. Kleidung in dieser Farbe vermittelt den Eindruck von Großzügigkeit und weckt Vertrauen. In Räumen sorgt Grün für Ruhe und Kreativität, ist daher ideal für Arbeitszimmer – selbst wenn es «nur» in Form von Pflanzen auftaucht.

Blau

Blau ist eine eher kühle Farbe. Sie ist die Farbe des Himmels und steht für Ruhe, Vertrauen, Pflichtbewusstsein, Schönheit und Sehnsucht. Sie kann aber auch den Eindruck von Traumtänzerei, Nachlässigkeit oder Melancholie vermitteln. Blaues Licht wirkt zwar kühl, aber auch beruhigend. Blau hilft bei Schlafstörungen und Entzündungen. Es fördert die Sprachfähigkeit und klares Denken. Wer blaue Kleidung trägt weiß, was er will, kann dadurch aber auch unterkühlt wirken. Kleine Zimmer erscheinen durch einen blauen Anstrich größer. Diese Farbe ist für Räume prädestiniert, die der Entspannung dienen, insbesondere für Schlafzimmer. Blau eignet sich vor allem für Räume, die den Eindruck von Weite, Offenheit, Helligkeit vermitteln sollen und in denen eine Atmosphäre der Entspannung herrschen soll.

Violett

Violett verleiht Würde. Es ist die Farbe der Inspiration, der Mystik, des Stolzes, der Magie und der Kunst. Es ist auch eine außergewöhnliche, extravagante Farbe, die oft mit Frömmigkeit, Buße und Opferbereitschaft in Verbindung gebracht wird. Genauso gut kann sie Menschen aber auch als zu stolz, arrogant oder unmoralisch erscheinen lassen. Gleichzeitig wirkt Violett schmerzlindernd, reinigend, entschlackend und unterstützt die Konzentration sowie das Selbstvertrauen. Kleidung in dieser Farbe verleiht demjenigen, der sie trägt, eine festliche, edle und geheimnisvolle Ausstrahlung. Da Violett sehr appetit- und luststeigernd wirken kann, sollte es in Ess- und Schlafzimmern nur bedingt eingesetzt werden.

Weiß

Weiß ist die Farbe des Winters, von Eis und Schnee. Sie ist Symbol der Reinheit, Klarheit, Erhabenheit und Unschuld. Weiterhin gilt Weiß aber auch als Zeichen der Empfindsamkeit und kühler Reserviertheit. Es ist eine magische Farbe, die anstelle jeder anderen eingesetzt werden kann, da ihr Lichtspektrum nahezu alle Farben enthält. In unserem westlichen Kulturkreis gibt es eigentlich nichts Negatives, das Weiß zugeschrieben wird. In China ist Weiß jedoch die Farbe der Trauer und des Tods. In weißer Kleidung wirkt man elegant, aber auch schnell unnahbar. In Räumen ist Weiß ideal für Kombinationen geeignet. Es neutralisiert, hellt auf und belebt. In Verbindung mit Schwarz verleiht Weiß einen eleganten Anstrich.

Grau

Grau ist immer mal wieder Trendfarbe. Es ist die Farbe des wolkenverhangenen Himmels an einem trüben Tag und steht für vollkommene Neutralität, Vorsicht, Zurückhaltung und Kompromissbereitschaft. Grau ist eine unauffällige Farbe, die auch mit Langeweile, Eintönigkeit, Unsicherheit und Lebensangst in Verbindung gebracht wird. Graue Kleidung im Business stellt die Individualität des Trägers zurück und wirkt eher nüchtern («graue Maus»). In Räumen sollte Grau als Kombinationsfarbe eingesetzt werden. Weiße und auch pinkfarbene Accessoires eignen sich sehr gut zu einem Grau, das weder zu blass noch zu dunkel ist.

Schwarz

Schwarz ist die Farbe der Dunkelheit. Sie drückt Trauer, Unergründlichkeit, Unabänderlichkeit, das Furchterregende und Geheimnisumwitterte aus. Schwarz ist aber ebenso Ausdruck von Würde und Ansehen und hat einen besonders feierlichen Charakter. Schwarze

Kleidung wirkt edel und feierlich, damit vermittelt man Seriosität und erzeugt Respekt. Von schwarzen Wänden sollte man absehen, da sie düster und schwer wirken. Eine schwarze Leinwand hingegen macht sich sehr gut an weißen Wänden.

Braun
Wie zuvor Grau und Beige ist Braun ebenfalls eine Trendfarbe. Es ist zudem eine ruhige Erdfarbe. Braun vermittelt Geborgenheit und materielle Sicherheit. In der Farbtherapie wird es bei Gleichgewichtsstörungen eingesetzt. Braun im Hinblick auf Kleidung gilt als moderne Businessfarbe. Braune Räume wirken rustikal, beruhigend und ausgleichend. Weitere Erdtöne wie Ocker oder Siena können in Räumlichkeiten nahezu aller Art eingesetzt werden.

Gold
Gold wird häufig mit der Sonne in Verbindung gebracht und steht für Macht und Reichtum. Es gibt Kraft und inspiriert, hilft bei Angst, Unsicherheit und Gleichgültigkeit. Gold ist die Farbe großer Jubiläen und symbolisiert die stillen Tugenden, die sich in ihrer Dauer bewähren: Treue und Freundschaft, Wahrheit und Hilfsbereitschaft.

Silber
Silber wirkt reinigend und harmonisierend. Es fördert kommunikative Fähigkeiten, kann aber auch zu Redseligkeit und Unwahrheit führen. Silber ist eine Farbe der Höflichkeit und steht für Klugheit, Selbständigkeit, Sicherheit und Pünktlichkeit. Der Glanz von Silber verdrängt nicht, sondern spiegelt andere Farben unverfälscht wider, wobei es in den Hintergrund tritt. Silber ist eine Farbe des Modernen, Unkonventionellen, Originellen.

Licht

Die zweite Stimmungssäule, die eine ebenso zentrale Rolle bei der Gestaltung eines Raums spielt wie die Farbgebung, ist das Licht. Um Sie für diesen Aspekt zu sensibilisieren, haben wir wieder eine Reihe von Anregungen und Fragen zusammengestellt, die Sie bitte schriftlich beantworten.

Welche Vorstellung von Licht haben Sie entwickelt?
Welche Räume gefallen Ihnen aufgrund ihrer Ausleuchtung?
Haben Sie schon eine Idee, wie Sie Licht in die Gestaltung Ihres Raums einbeziehen wollen?
Welche Vorrichtungen müssen Sie dafür treffen?
Woher bekommen Sie das nötige Zubehör?
Können Sie abschätzen, in welcher Höhe Kosten auf Sie zukämen (unabhängig davon, ob Sie diese bestreiten können)?

Nicht nur in der Vorweihnachtszeit haben Kerzen Hochkonjunktur. Auch in Zeiten steigender Strompreise sind sie begehrt. Uns geht es hier aber vor allem um elektrisches Licht. So ist es sinnvoll, in einem Wohnzimmer mit verschiedenen Bereichen unterschiedliche Lichtquellen einzusetzen. Eine Steh- oder Leselampe gehört beispielsweise in die Leseecke, im Essbereich hingegen sollte man für eine ausreichende Deckenbeleuchtung sorgen, am besten mit einem Dimmer, sodass die Helligkeit variiert werden kann. Lämpchen auf der Fensterbank, Lichtkugeln auf dem Boden, Glühbirnen mit unterschiedlicher Wattzahl sowie solche in jeweils verschiedenen Farben machen die Wahl zur Qual. Gleichzeitig ist das reiche Angebot ein wahres Licht-Paradies. Noch nie waren die Möglichkeiten, für eine feinabgestimmte und individuelle Beleuchtung zu sorgen, so zahlreich. Halogenlampen und Strahler verabschieden sich allerdings allmählich und indirektes Licht sorgt nicht nur hinterm Spiegel im Badezimmer für eine schöne

Stimmung. Hell und freundlich statt steril und ungemütlich geht es mittlerweile selbst in Arztpraxen zu, wobei künstliches Licht nicht einfach nur fehlendes Tageslicht ersetzt. Denn Licht lädt ein oder aus. Kalte Neonröhren findet man kaum noch in Küchen unter dem Hängeschrank – Klemmlampen und kleine Stehlämpchen runden die Atmosphäre der Kochzelle ab. Deckenlampen dagegen schaffen nur Licht im Allgemeinen, denn sie erhellen nicht akzentuiert kleine, dunkle Ecken. Wenn Sie planen, Ihr Heim außen zu beleuchten, müssen Sie bedenken, dass die entsprechenden Lichtquellen allein schon aufgrund der vielen unterschiedlichen Belastungen (Witterungsverhältnisse) anderen Anforderungen gewachsen sein müssen.

Duft

Stimmungssäule Nummer drei: Düfte und Gerüche. Auch hier vorab zur Einstimmung eine Reihe von Impulsen und Fragen mit der Bitte um schriftliche Beantwortung:

Welche Rolle spielen Düfte bisher in Ihrem Leben?
Welchen Eigengeruch hat Ihre Wohnung?
Welche Düfte gefallen Ihnen?
Wonach sollte Ihre Wohnung riechen?
Woher können Sie die erforderlichen Düfte beziehen?

Vorbeugen lautet die Devise! Ein «Deo» für die Wohnung lässt üble Gerüche zwar weniger intensiv erscheinen, kann den Eigengeruch aber nicht vollständig verschwinden lassen. Aber das ist auch nicht das Ziel. Damit der typische Geruch unserer vier Wände, der sie so einzigartig macht, als angenehm wahrgenommen wird, reicht es schon, die Möbel frisch abzuwischen, die Türen und Fenster (Welch Durchblick! Welch Licht in der Wohnung!) zu putzen sowie die herumstehenden Gegenstände zu entstauben – Ihrer Nase wird es gefallen! Laufen Sie mit Ihrem Putzeimer durch die Wohnung oder benutzen Sie Feuchttücher zum Wegwerfen. Diese gibt es in sehr unterschiedlichen Duftrichtungen, wobei sie ein Gefühl von Sauberkeit sowie eine angenehme Frische in der Luft hinterlassen. Auch ein Raumspray (Lavendel, Vanille u. a.) sorgt zwischendurch für ein tolles Raumaroma. An die Raucher unter Ihnen: Wenn schon in Ihrer Wohnung geraucht werden muss, sollten Sie bitte dafür sorgen, dass der Aschenbecher nicht an den Kippen erstickt. Leeren Sie das Utensil nach dem Rauchen und reißen Sie die Fenster auf. Frischluft ist immer noch das beste «Deo»! Eine weitere Möglichkeit ist, ein paar Tropfen Ihres Parfüms auf Ihr Kopfkissen zu geben, im Bad einige aromatisierte Holzkugeln hinzulegen, die nach dem Befeuchten mit ein paar Tropfen Wasser erneut ihren Duft verbreiten. Wir haben alle eine Nase – verwöhnen wir sie auch!

Feng Shui – Eine kurze Einführung

Laut Wikipedia ist Feng Shui (Wind und Wasser) die Lehre zur Harmonisierung des Menschen mit seiner Umgebung, die durch eine besondere Gestaltung der Wohn- und Lebensräume erreicht werden soll. Seine Anfänge liegen in China. Der ältere Begriff für Feng Shui ist Kan Yu, eine Kurzform für den Begriff «den Himmel und die Erde beobachten».

Die Raum- und Baugestaltung erfolgt nach verschiedenen Regeln, die sicherstellen sollen, dass sich sogenannte verstockte Energien nicht in diesen Räumen festsetzen können und das Qi (Chi, Energie, Fluss, Atem) frei fließen kann. Planen Sie für die nächste Zeit einen Umzug, können Sie noch vor dem Einzug einen professionellen Feng-Shui-Berater konsultieren. Dieser findet für Sie heraus, wo welche Möbel für welche Bereiche und Aufgaben am günstigsten stehen.

Geht es lediglich darum, verschiedene Lebensbereiche zu betonen oder zu aktivieren, hilft Feng Shui als Motor, Dinge in Gang zu kriegen. Mithilfe von Farben sowie dem energetischen Einfluss von Kristallen oder anderen Objekten beziehungsweise kleinen Tipps und Tricks, Düfte eingeschlossen, werden gezielt bestimmte Teilaspekte verstärkt. Somit kann Feng Shui auch das abschließende «Fine-Tuning», der letzte gesundheitsfördernde Schliff sein, nachdem Ihre Wohnung eingerichtet ist. Wenn Sie in Ihrem Zuhause aber glücklich sind, Ihr Leben insgesamt sich so entwickelt, wie Sie es sich vorstellen, ist Feng Shui nicht zwingend nötig.

Loslassen, was nicht glücklich macht

Loslassen zu können ist eine Fähigkeit, die in bestimmten Kreisen mittlerweile fast zum Selbstzweck geworden ist. Alles Mögliche soll man loslassen können, denn das verspreche Freiheit. Dieser Annahme ist jedoch vorsichtig zu begegnen, denn grundsätzlich kann jeder Mensch das loslassen, was ihm nichts bedeutet. Die Apologeten des Loslassens vergessen das gern und machen daraus ein Allheilmittel, das als solches nicht wirken kann. Für Sie als Künstler und Gestalter Ihres Raums ist es nur dann ein nützliches Werkzeug, wenn Sie es bewusst einsetzen. Warum aber gelingt es manchen Menschen schlechter als anderen? Warum empfinden sie es als schwierig?

Loslassen ist immer dann schwer, wenn wir mit Dingen, Gegenständen, aber auch Menschen sowie Gedanken und Erinnerungen etwas Positives verbinden. Oder anders gesagt: Sehen wir das, was es loszulassen gilt, in einem ganz bestimmten Licht – als nützlich, schön, vielleicht ist es auch Vertrautheit, Gewohnheit –, dann stellt Loslassen eine unüberwindbare Hürde dar. Insbesondere nach dem Verlust eines geliebten Menschen durch Trennung oder Tod sollten Sie genau überlegen, was Sie behalten möchten. Viele Menschen verharren in einer Art Starre, belassen alles so, als käme der Verstorbene wieder zurück. Aber der Betroffene lebt, sein Leben geht weiter, ein neuer Abschnitt beginnt. Können Sie sich vorstellen, dass es im Sinn der Verstorbenen ist, dass die Hinterbliebenen quasi aufhören zu leben, scheintot sind und die Gegenstände des anderen als Nabelschnur verstehen? Stattdessen sollten wenige besondere Stücke aufgehoben werden, sozusagen als Glücksbringer, den man bei sich trägt. Die übrigen Dinge können vielleicht an Freunde und die Familie des Verstorbenen verschenkt werden.

Stellen wir die Uhr zurück auf Anfang. An welchen Gegenständen hängt Ihr Herz? Welche Dinge sind noch in Gebrauch, sind zu schade, um entsorgt zu werden, doch könnten gern mal den Besitzer wechseln? Darunter fällt beispielsweise auch das Mitbringsel von Tante Uschi, das unser Unvermögen loszulassen verrät. Wir haben es aus Verlegenheit hingestellt, es jedoch bis heute nicht liebgewonnen. Zählen auch Sie zu denen, die sich deswegen rechtfertigen? Kennen Sie die Situation, wenn ein Freund einen Gegenstand beäugt, Ihnen danach einen Blick zuwirft, der alles und nichts sagt? Sie reagieren dann etwa so: «Etwas peinlich, oder? Habe ich von meiner Tante, und wenn sie uns besucht, muss es hier stehen!» Welch großen Kompromiss Sie damit eingehen, welch mühevolles Unterfangen, etwas in der Wohnung zu haben, das Ihnen weder gefällt noch Freude bei der Betrachtung weckt oder von praktischem Nutzen ist! Gegenstände dieser Art sind etwas, das nicht in Ihre Wohnung gehört, weil es nicht zu Ihnen gehört. Haben Sie den Mut, auch mal nein zu sagen, lehnen Sie das, was Sie nicht haben wollen, couragiert und dankend ab. Sie sind der Künstler, und Sie entscheiden, womit Sie sich umgeben. Sie sind es schließlich, der Ihr Zuhause bewohnt, und nicht die Tante und auch nicht die Nachbarin! Mit falscher Scham und unaufrichtigem Dank erreichen Sie nicht viel.

Hier umzudenken ist sehr sinnvoll, weil es für Ihre Kunst essenziell ist. Grundsätzlich kann aber alles, was man trägt, besitzt, denkt oder fühlt, als Last bezeichnet werden, wobei wir sie durchaus nicht immer als negativ empfinden. Überlegen Sie für sich, was Sie in Ihrem Leben unter Last verstehen. Schauen wir doch mal, wie Wikipedia diesen Begriff definiert: «Eine Last, von althochdeutsch *hlast* = Ladung, ist etwas von einem Träger Transportiertes; in der Statik (Physik) beziehungsweise Technik (Kinematik) ein Maß für die Kraft, die auf etwas wirkt, oder auch eine größere finanzielle oder steuerliche Schuld als Belastung.»

Stimmt unsere Sichtweise damit überein, dann belastet uns das, was wir mit uns herumtragen, seien es Gegenstände, Zustände, Gefühle, Gedanken oder was auch immer. All das muss nicht unbedingt eine Beeinträchtigung darstellen, sondern kann auch als Bereicherung empfunden werden. Insofern stellt sich die Frage: Was lassen wir gern los, was halten wir lieber fest? Das muss jeder für sich herausfinden, wobei es eine Reihe von Hilfestellungen gibt, die die Beantwortung dieser Frage erleichtern. Machen wir uns bewusst, dass wir beispielsweise daran gewöhnt sind, die Dinge loszulassen, die keinen Nutzen für uns haben, wie der tägliche Abfall, sprich Müll.

Gegenstände sind vergänglich, können kaputtgehen. Sie sind Gäste, und vor allem wenn sie nicht mehr zu gebrauchen sind, sollten sie umgehend ausgemistet werden, da sie uns blockieren und unsere Energie rauben.

Sobald wir dazu übergehen, das alltägliche Loslassen bewusst wahrzunehmen, können wir täglich aktiv spüren, wie eine Last – und sei sie auch noch so unbedeutend – von uns fällt, wodurch gleichzeitig Freiräume entstehen. Wir können uns stets gezielt entscheiden, ob wir etwas loslassen wollen oder nicht. Aber manchmal haben wir das Gefühl, nicht wirklich frei zu sein in unserer Wahl. Meist verwechseln wir dann etwas, insbesondere wenn uns der Gegenstand an etwas erinnern soll. Hierbei besteht die Gefahr, ihn mit der Erinnerung an etwas oder an jemanden zu verwechseln. Bewahren wir zum Beispiel einen Gegenstand auf, der uns an eine Liebe erinnern soll, verwechseln wir ihn häufig mit dem Gefühl, das mit ihm verbunden ist. Künstler des Aufräumens haben die bewusste Entscheidung für oder gegen eine Sache perfektioniert. Sie wissen ganz genau, worum es ihnen tatsächlich geht, wenn sie an etwas festhalten. Um zu veranschaulichen, wie Verwechslungen zustande kommen und wie wir mit ihnen umgehen können, nehmen wir stellvertretend das Mitbringsel von Tante Uschi. Wir mögen es eigentlich nicht, bewahren es aber gut sichtbar für jeden auf. Obwohl wir mit dem Geschenk nichts anfangen können, verbinden wir jedoch etwas damit. Indem wir es aufheben, verfolgen wir eine unbewusste Absicht. Wie oben beschrieben rechtfertigen wir uns gegenüber Besuch für dieses grauenvolle Ding. Indirekt wollen wir Tante Uschi damit gefallen und unsere für sie empfundene Wertschätzung zum Ausdruck bringen.

Es ist über die Maßen sinnlos, wenn Freunde, Bekannte oder auch Ratgeber unterschiedlichster Couleur uns in so einem Fall sagen, wir sollten uns doch einfach von etwas trennen, es ganz einfach wegwerfen. Das sind dann die Momente, in denen wir müde zustimmen und uns entweder wie beschrieben rechtfertigen oder sich das Gefühl zu versagen einstellt.

Warum ist das so? Uns von etwas zu trennen fällt uns immer dann schwer, wenn ein Verlust droht, sei er auch noch so klein. Deswegen muss man, um die Kunst des Loslassens zu beherrschen, für sich herausfinden, wie man die Vorteile, die Bedeutung oder das Schöne eines Gegenstands für die Neugestaltung seines Raums und vielleicht sogar seines Lebens nutzen, das heißt übertragen kann, ohne den Gegenstand, von dem man sich trennen möchte, zu behalten. Das klingt für Sie verwirrend?

Um bei obigem Beispiel mit Tante Uschis Mitbringsel zu bleiben:

Das, was wir an derartigen Dingen mögen, ist die Geste, die dahintersteht. Indem wir das Geschenk für die wenigen Besuche von Tante Uschi ständig parat haben, wollen wir ihr eine Freude machen. Die Frage, die sich nun stellt, lautet: Wie kann ich das, was ich für Tante Uschi empfinde und was ich an ihr mag, für mich gegenwärtig machen und ihr gleichzeitig meine Zuneigung und Wertschätzung zeigen, sodass sich die Präsentation dieses schrecklichen Mitbringsels erübrigt?

Dieses simple Beispiel zeigt noch etwas anderes – unsere Neigung, Umwege zu suchen, um Gefühle auszudrücken, unangenehme Dinge auszusprechen oder auch Ärger zu vermeiden. Wir denken: «Wenn Tante Uschi kommt und sie das Mitbringsel nicht sieht, ist sie verletzt. Das gibt Ärger, was ich nicht will.» Der Fehler, den wir dabei machen, ist, den Satz nicht zu Ende zu denken. Würden wir das tun, würde er lauten: «Wenn Tante Uschi kommt und sie das Mitbringsel nicht sieht, ist sie verletzt, weil sie sich nicht genug geachtet und geringgeschätzt fühlt. Das gibt Ärger, was ich nicht will. Wie kann ich ihr also zeigen, dass ich sie mag und sehr schätze, ohne mich hinter dem Mitbringsel zu verstecken?»

Diese Denkweise mag vielleicht im ersten Moment etwas ungewöhnlich anmuten, sie ist aber sehr hilfreich, wenn es darum geht, Ballast loszuwerden. Das Leben kann sehr viel einfacher werden, wenn man lernt, die eigentliche Absicht zu erkennen und zu benennen. Stellen Sie sich einmal vor, Sie gingen zum Bäcker und würden vor dem Tresen stehen und ständig sagen: «Oh, ich habe Hunger. Mann, was habe ich für einen Hunger.» Der Bäcker könnte vermuten, dass Sie ihm damit zu verstehen geben wollen, dass Sie ein Brötchen möchten. Damit kommen Sie nicht weit, wobei Sie in diesem Fall wahrscheinlich gar nicht auf die Idee kämen, sich so zu verhalten. Sie sagen, was Sie wollen, weil die Situation, Ihr Verhältnis zueinander geklärt ist. Und wie Sie dem Bäcker sagen, dass Sie etwas kaufen möchten, können Sie auch Tante Uschi sagen, dass Sie sie gern haben und sich darüber freuen, dass sie an Sie denkt und sich die Mühe macht, Ihnen etwas mitzubringen. Fügen Sie hinzu, dass Sie sie dafür lieben, das Mitbringsel aber nichts für Sie ist. Sagen Sie ihr, worüber Sie sich freuen würden, und nehmen Sie sie dabei in den Arm. So kommen Missverständnisse gar nicht erst zustande. Das Mitbringsel kann also entsorgt werden, ohne Tante Uschis Zuneigung einzubüßen.

Generell muss die Situation zwischen Ihnen und dem, was Sie loslassen wollen, vollständig geklärt sein. Hinter dem Festhalten verbirgt sich Verlustangst, die eingestanden werden muss. Möchten Sie beispielsweise einen ungemein großen Stapel von Zeitungen gern loswerden, haben aber das Gefühl, etwas zu verlieren, sollten Sie sich fragen: Was fürchte ich zu verlieren? Geht es Ihnen um die Möglichkeit, Informationen zu erhalten? Oder es geht Ihnen um Unterhaltung, Spaß haben? Oder es geht Ihnen um die Möglichkeit, sich fortzubilden? Was auch immer Ihr Anliegen ist, die entscheidende Frage lautet: Wie kann ich sicherstellen, dass ich mich informieren, unterhalten lassen und fortbilden kann, wann immer ich möchte? Die Antworten darauf werden unterschiedlich ausfallen und allesamt wenig mit dem Zeitungsstapel zu tun haben. Haben Sie schon mal an die öffentliche Leihbibliothek oder das Internet gedacht? In jedem Fall stellen Sie fest, dass Sie die eigentliche Absicht auch anders verfolgen können. Wenn Sie das einmal erkannt haben, rückt das Loslassen deutlich näher.

An dieser Stelle möchten wir noch einmal kurz darauf hinweisen, dass Sie auf dem Weg zum Künstler des Aufräumens ein gutes Stück vorangekommen sind. Künstler sind nämlich stets in der Lage, ihre Absicht zu verwirklichen, sodass das Ergebnis dieser gerecht wird. Ein Maler muss beispielsweise keine lachende Sonne malen, um ein warmes Sommergefühl zu erzeugen. Nehmen wir Picassos berühmtes Gemälde Guernica. Es symbolisiert trefflich den Schrecken infolge der Zerstörung der nordspanischen Stadt Guernica durch einen Luftangriff der deutschen Legion Condor während des dortigen Bürgerkriegs. Picasso hätte naturalistisch, also Tote und Verletzte malen können, aber er hat sich für eine abstrakte und doch viel direktere Darstellung entschieden. Er war in der Lage, seine Absicht unkonventionell, aber unverhohlen auf den Punkt zu bringen, sodass das Bild zu seinen beeindruckendsten Werken zählt.

Nun stellen Sie sich vor, Sie würden die Ziele bei der Umgestaltung Ihres Raums, Ihrer Wohnung, Ihres Lebens erreichen, ohne an Dingen, die Sie aber gern los wären, aus Angst vor Verlust festzuhalten – wie wäre das? Malen Sie sich aus, Sie könnten angstfrei mit dem umgehen, was wir die Absicht hinter der Absicht nennen. Wie fühlt sich das an?

Wenn Sie dort hinkommen möchten, aber nicht wissen, wie das gehen soll, fragen Sie nach dem Vorteil, den diese Verhaltensweise mit sich bringt. Wenn Sie ihn klar benennen können, fragen Sie sich, wie Sie diesen Vorteil mitnehmen können, wenn Sie handeln. Man nennt das die «Mitnahme eines sekundären Vorteils». Wenn Sie feststellen, dass dieser Teil Ihrer neuen Verhaltensweise ist, spricht nichts mehr für das Festhalten an der althergebrachten. Oder, um noch einmal Tante Uschi und ihr Mitbringsel zu bemühen: Wenn Sie ihr Dankbarkeit und Wertschätzung auf eine Art zeigen können, die ihr sehr gefällt und Ihrem Wesen entspricht, brauchen Sie das Mitbringsel nicht mehr als Alibi. Um aber das Loslassen zu perfektionieren, wollen wir uns weitere Werkzeuge anschauen wie zum Beispiel das Festhalten.

Festhalten, was geht

Manche Menschen leben in Einsamkeit und Isolation. Sie sind umgeben von dem, was sie sehen und halten können. Würde man das (Materielle) weiter reduzieren, so wäre das Ergebnis absolute «Nacktheit». Diese Leute sammeln, überhäufen sich mit Dingen und nehmen für Neuanschaffungen sogar Schulden in Kauf. Wir sind, was wir haben? Trugschluss! Denn das, was wir haben, besitzen wir nicht.

Es verhält sich vielmehr umgekehrt, denn unser Besitz wirkt auf uns und verstopft, erdrückt uns. Der Kokon, in dem wir leben, wird immer dicker, mutiert zum Panzer, durch den kaum jemand zu uns durchdringen kann. Gegenstände gehen aber irgendwann kaputt, nutzen sich ab, lösen sich auf. Was bliebe, nähme man uns alles Materielle weg? Das Einzige, was wir sicher und auf Dauer haben, finden wir allein in uns selbst! Wir entwickeln uns durch Erfahrungen, die wir machen, vorausgesetzt, wir gehen hungrig durchs Leben. Gegenstände befriedigen unser Auge, doch können sie nicht unsere wahre Sehnsucht stillen.

Welche Dinge aus Ihrer Wohnung packen Sie in einen Koffer, sollte es Sie auf eine einsame Insel verschlagen?

Dieses Beispiel für Festhalten in seiner extremen Ausprägung ist Wasser auf die Mühlen der Gemeinde der Loslasser, die Hochkonjunktur hat. Geht es nach bestimmten Denkschulen, soll man alles und jedes loslassen können, um befreit – wovon auch immer – zu sein. Insbesondere wo es um Selbsterfahrung geht, wird das Loslassen inflationär propagiert und so teilweise zum Selbstzweck. Damit einher geht eine immer größere Menge an Menschen, die entweder trotzig reagiert oder sich minderwertig fühlt, weil sie scheinbar nicht loslassen und sich nicht wovon auch immer freimachen kann. Das ist natürlich nicht Sinn der Sache. Deswegen möchten wir Sie an dieser Stelle mit dem Pendant von Loslassen als Werkzeug vertraut machen, dem Festhalten. Es verhält sich wie beim Geben und Nehmen, die zusammengehören wie Tag und Nacht, Sieg und Niederlage, Gut und Böse, Arbeit und Erholung und vieles andere mehr. Das eine ohne das andere ist im wahrsten Sinne des Wortes einseitig und selten zielführend. Stellen Sie sich vor, jemand würde nur arbeiten und sich niemals ausruhen – es wäre nur eine Frage der Zeit, bis dieser Mensch einen frühen Tod stirbt. Andersherum würde sich jemand, der sich nur erholt, vermutlich ebenso schnell zu Tode langweilen. Das Tückische an diesen Begriffspaaren ist, dass wir sie oft einzeln denken und die Kehrseite der Medaille, wie der Volksmund so treffend sagt, vergessen. Das Heil wird im einseitigen Handeln gesucht, aber nicht gefunden, denn das eine ist ohne das andere nicht erfolgversprechend. Wer nur den Sieg kennt, wird überheblich und überschätzt sich selbst. So ist die große Niederlage, sozusagen der Absturz, vorprogrammiert. Wer nur verliert, wird resignieren, handlungsunfähig werden und irgendwann eine Opferhaltung einnehmen oder sich den Sieg mit Gewalt holen wollen. Für sich genommen sind beide Denk- und Handlungsweisen wenig sinnvoll. Erst im Wechselspiel der Erfahrungen und Vorgehensweisen erreicht ein Mensch seine Ziele auf eine gesunde Art und Weise. Und genauso ist es auch mit Loslassen und Festhalten. Wer nur loslässt, wird haltlos werden, wer nur festhält, wird selber erstarren wie im Beispiel zu Beginn des Kapitels. Welche Form von Festhalten, welche Ausprägung ist nun in unserem Fall angemessen? Beim Festhalten verhält es sich wie mit dem Loslassen, was ungleich schwerer ist. Auch hierbei müssen wir uns bewusst entscheiden. Beides geht darauf zurück, ist das Ergebnis eines Entscheidungsprozesses. Das Schöne am Festhalten ist: Sie brauchen nichts wegzuwerfen, Sie können alles behalten – alles, was Sie brauchen oder behalten wollen. Es steht Ihnen frei, niemand zwingt Sie dazu oder verlangt es von Ihnen. Ist Ihre Wohnung voll alter Zeitungen, weil Sie immer noch etwas ausschneiden wollen? Dann schneiden Sie es aus und erfreuen Sie sich daran! Besitzen Sie alte Fernseher oder andere technische Geräte, weil Sie sie reparieren oder ausschlachten wollen? Dann tun Sie es und erfreuen Sie sich daran! Haben Sie einen enormen Bestand an alten Büchern, weil Sie diese immer nochmal lesen wollen? Dann lesen Sie und erfreuen Sie sich daran! Haben Sie eine Menge Kleidungsstücke, die Sie immer noch einmal anziehen wollen? Dann fangen Sie sofort damit an und ziehen Sie das von ganz hinten aus Ihrem Kleiderschrank an. Allerdings, und hier beginnt die hohe Kunst des Festhaltens, ist Festhalten nur dann sinnvoll, wenn wir das Festgehaltene auch bewusst wahrnehmen und nutzen.

Lassen Sie uns noch einmal kurz auf das Mitbringsel von Tante Uschi zurückkommen. Denn dieses schöne Beispiel eignet sich hervorragend, um auch das Festhalten zu erläutern. Wir können an dem Mitbringsel von Tante Uschi festhalten, wenn wir es bewusst tun. Das bedeutet, dass wir uns gezielt dafür entscheiden, es an seinem Platz stehen zu lassen und es zu mögen. Auch damit verlassen wir die Opferhaltung, werden handlungsfähig, kommen weg vom «Muss ja wegen Tante Uschi». Wir allein entscheiden, dass wir Tante Uschi auf diese Weise eine Freude machen wollen, und freuen uns jedes Mal, wenn wir das schreckliche Mitbringsel sehen, weil wir genau wissen, warum es da steht. Wer die Kunst des Festhaltens beherrscht, wird nie wieder Dinge um sich haben, weil er nicht anders kann, sondern weil er es so möchte als jemand, der bewusst seine eigene Umgebung gestaltet.

Loslassen und Festhalten im Wechselspiel

Schaffen wir Platz, schenken wir unseren Räumen Übersichtlichkeit, Struktur, eine neue Ordnung. Experimentieren wir, drücken wir uns aus – klar und deutlich! Was fällt uns regelmäßig, was schon lang nicht mehr auf, wenn wir mit offenen Augen und gespitzten Sinnen durch unsere Räume spazieren? Mit wem umgeben wir uns? Womit? Wer tut uns gut? Was macht uns glücklich? Was fühlt sich nicht mehr stimmig an? Denken Sie an die Melodie – welche Melodie haben Ihre Räume jetzt und welche sollen sie nachher haben?

> **Unsere Wohnung ist ein beseelter Ort, ist stiller Zeuge unserer Gedanken, Gefühle, Gespräche, Flüche, Begegnungen und Träume. Lassen Sie uns sorgsam mit ihr umgehen.**

Von Trockensträußen, die kopfüber von der Decke hängen, reicht es sicherlich, ein Rosenköpfchen abzutrennen und es in eine «Schatztruhe der Erinnerungen» zu legen. Haben auch Sie noch Ihren Brautstrauß, sind aber schon längst geschieden? Dieses Relikt gehört in eine andere Zeit, hat eine andere Geschichte. Fast bekomme ich Mitleid mit Gegenständen, die eine bestimmte Symbolik und Historie in sich tragen, heute aber lediglich Schmerz oder Wehmut hervorrufen, sofern wir den Gegenstand überhaupt noch wahrnehmen! Was genau kann denn nicht weggeworfen werden? Sind es die Blumen? Jene, die längst vertrocknet, ohne Leben sind, deren Duft welk, deren prächtige Farbe verblasst ist? Erinnerungen sind etwas anderes, sie leben in uns weiter und sind auf unserer inneren Festplatte gespeichert. Wir sollten uns nicht mit Dingen umgeben, deren Mindesthaltbarkeitsdatum längst überschritten ist. Geben wir doch gern ein paar Dinge weg, denn wir gewinnen im Gegenzug etwas Wunderbares: Platz und Freiheit!

Nehmen Sie etwas zur Hand, wovon Sie nicht wissen, ob Sie es aufheben wollen. Sie überlegen hin und her? Unsicherheit ist weder ein entschiedenes Ja noch Nein. Wägen Sie nicht lang ab, verstauen Sie den Gegenstand zunächst in einer Tüte namens «aus den Augen» oder «später prüfen». Ist der Inhalt dieser Tüte nach ein paar Tagen nicht mehr abrufbar, vernichten Sie ihn. Keine Angst, Sie werfen nicht Ihr Leben weg! Sollte es anders kommen, behalten Sie ihn. Manche Menschen überkommt derartige Panik beim Ausmisten – dabei trennen wir lediglich die Nabelschnur zu Dingen, die von nun an ohne uns auskommen können. Zur Erinnerung: Erst wer loslässt, kommt seiner Freiheit und seiner Unabhängigkeit ein Stückchen näher.

Natürlich gibt es noch weitere Möglichkeiten, sich zu befreien, sich anschließend frei zu fühlen. Denken wir an die Menschen, von denen wir uns im Lauf unseres Lebens verabschiedet oder kommentarlos getrennt haben. Wir sollten wählerisch im Umgang mit Menschen wie auch mit Gegenständen sein. Beides hat Energie. Die Beziehung oder der Kontakt zu bestimmten Leuten laugt uns aus, mit ihnen fühlen wir uns schwer. Insgeheim denken wir darüber nach, uns abzunabeln, aber dieser Schritt fällt alles andere als leicht. Wem schenken Sie Zeit, Gedanken, Liebe und Aufmerksamkeit? Unser Leben ist im ständigen Fluss, wir entwickeln uns wie die Menschen um uns herum. Eine Schnittmenge wird schmerzhaft kleiner, oder wir spüren, dass der Freund, der uns zu oft enttäuschte, uns neidete, einschränkte, belog, bestahl, nicht mit Respekt behandelte, gar ausgesaugt und ausgenutzt hat, uns nicht mehr gut tut. Nicht anders verhält es sich mit Gegenständen. Betrachten wir die Anschaffungen und Geschenke in unserer Wohnung, so werden wir feststellen, dass die Zeit gekommen ist, sich von manchem zu befreien. So ein Abschied kann viele Gesichter haben: Wir können verschenken, verkaufen, entsorgen (manche Organisationen holen noch gut erhaltenen «Sperrmüll» kostengünstig oder umsonst ab), spenden (an Wohlfahrtsorganisationen, Kirchen, Verbände) oder uns Tauschbörsen anschließen. Wenn uns über einen längeren Zeitraum mit Gegenständen nichts mehr verbindet, dann geben wir ihnen doch ein neues Zuhause. Und gleichzeitig schaffen wir Platz für etwas, das wir neu, gezielt und überlegt anschaffen. Nicht nur Verbindungen zu Menschen brechen ab! Und seien wir vor allem keine «Rabenmütter», geben wir die Dinge in liebvolle Hände. Überlegen Sie noch heute, wer sich über welchen Ihrer Gegenstände von Herzen freuen könnte!

Wer aufräumt, verbindet scheinbar Unangenehmes mit Sinnvollem: Wir bleiben in Bewegung und verlieren eine Menge Kalorien. Auch ein Kunstwerk entsteht erst durch Bewegungen. Durch die Führung des Pinsels oder das Schreiben von Noten mit Hilfe einer Feder. Die Bewegung an sich entsteht in Ihrem Kopf – in Form von Gedanken und Emotionen!

Natürlich kann man an einem Tag enorm viel schaffen und verändern, doch wir raten für den Anfang, kleine Schritte zu machen, vor allem wenn Sie die Kunst des Aufräumens ohne Unterstützung von

Freunden angehen. Nehmen Sie sich vor, an bestimmten Tagen (bitte auch im Timer vermerken!) etwas wegzuwerfen oder zu verschenken. Reichen Sie den Dingen innerlich die Hand zum Abschied, bedanken Sie sich für die gemeinsame Zeit und wünschen Sie ihnen eine gute Reise (falls Sie sie verschenken) oder ewige Ruhe (sollten die Dinge im Müll landen). Sprechen Sie bewusst aus, dass die Zeit nun abgelaufen ist. Es ist okay, zu gehen. Indem Sie den Dingen ihre Freiheit schenken, gewinnen Sie Ihre eigene zurück! Den Lohn dessen spüren Sie schnell, denn die längst überfälligen «Untermieter» oder auch «Platz-Schmarotzer» belasten Sie nicht weiter!

Wertvoller als jeder Gegenstand ist die Erinnerung, die uns mit einem Menschen oder einem Ort verbindet. Erinnerungen wohnen in unserem Herzen, und am Ende unseres Lebens nehmen wir nur das mit, was wir nicht kaufen können!

Gerade teure Gegenstände werden vom Mülleimer nicht gerade magisch angezogen, doch bedenken Sie: Wenn uns etwas nicht gut tut, darf auch der hohe Anschaffungswert uns nicht daran hindern, es zu entsorgen. Wir sind uns am teuersten und bleiben immer unbezahlbar! Stellen Sie Gegenstände nicht über sich oder Ihr Gewissen. Wissen Sie, welches weitere Wort im Begriff entsorgen steckt? Richtig, die Sorge. Sie zahlen einen hohen Preis, wenn Sie an «Exklusivität» festhalten – einen höheren Preis als den Preis der Freiheit. Ersteres schmückt Ihr Äußeres, das andere reinigt Ihr Inneres. Und nun wägen Sie beide Preise gegeneinander ab.

Es reicht nicht, wenn Sie jetzt das Gefühl haben, dass wir Ihnen aus der Seele sprechen. Graue Theorie strengt nicht an, führt zu nichts. Ein echtes Vorhaben hingegen erfordert den ersten Schritt, und dieser darf auch gern wehtun und mühevoll sein. Anschließend spüren wir zumindest, dass wir etwas getan haben. Und erst nachdem Sie sich bewusst entschieden haben auszumisten, werden Sie es auch tun. Ist Ihr Auto je gefahren, ohne dass Sie den Motor gestartet, den Gang eingelegt und den Fuß auf das Gaspedal gedrückt haben?

Sie bewegen sich keinen Meter, solange Sie hinterm Steuer sitzen und nur sagen: «Ich werde fahren!» Sie müssen fahren, Sie müssen es endlich tun! Was könnte es Wichtigeres geben, als eine Entscheidung zu treffen, die Ihr Lebensgefühl positiv verändern wird? Streichen Sie nicht nur für Ihr Aufräum-Loslassen-Vorhaben das Wort «sollte», denn es erinnert Sie lediglich daran, dass Sie noch etwas vor sich haben. Was alles sollten Sie schon lange tun? Wie lang ist Ihre «Sollte»-Liste mittlerweile? Verkürzen Sie sie, reduzieren Sie die Do's und räumen Sie auf. Fangen Sie an, jetzt oder heute Abend oder morgen in der Früh. Tragen Sie den Tag der Entscheidung mit Rotstift in Ihren Terminkalender ein!

Der Kokon, der uns umgibt, sollte uns Schutz bieten. Vielleicht halten Sie aber gerade deshalb dieses Buch in den Händen, weil Sie Ihr Heim noch immer nicht als Zuhause empfinden, Sie noch nicht bei sich angekommen sind, sich weder Leute zu sich einladen können noch sich freuen, nach getaner Arbeit endlich Ihre Räume zu betreten. Dann machen wir jetzt weiter. Wir begleiten Sie – Schritt für Schritt –, bis Sie dieses Buch am Schluss glücklich, voller neuer Erkenntnisse und Motivation zur Seite legen werden. Bis Sie ein Künstler sind!

Betriebsblindheit ist für Sie kein Fremdwort? Machen Sie den Test. Schließen Sie die Augen und schreiten Sie vor Ihrem inneren Auge durch Ihre Räumlichkeiten. Beginnen Sie vor der Eingangstür. Was fällt Ihnen als Erstes auf, die Fußmatte oder etwas anderes? Macht es auf Sie einen harmonischen Eindruck? Welche Emotionen werden in Ihnen geweckt? Hören Sie, wie sich der Schlüssel im Schloss umdreht, und treten Sie ein. Können Sie Ihr gesamtes Inventar vor Ihrem inneren Auge ausmachen? Falls nicht, sind Sie tatsächlich betriebsblind, was Ihre eigenen vier Wände angeht.

Kennen wir das nicht von den Straßen, durch die wir häufig flanieren? Es verhält sich ganz ähnlich, wir erinnern uns nicht oder haben die Dächer der Häuser, an denen wir täglich vorbeiziehen, nie bewusst wahrgenommen und wissen nicht, wie sie aussehen. Wir sind nicht blind, gebrauchen aber unsere Fähigkeit zu sehen einseitig. Bloßes Sehen und Betrachten haben zwei unterschiedliche Bedeutungen. Wie oberflächlich wir unseren Sehsinn nutzen, wenn wir Dinge zwar wahrnehmen, sie am Ende aber nur unterschwellig registriert haben! Üben Sie das genaue Betrachten; vielleicht hilft Ihnen folgender Spruch: «Wir können in diesem Augenblick nur hier und jetzt sein.» Nehmen Sie also mit, was Sie im Hier und Jetzt erfahren.

Nach dem Rundgang durch Ihre Wohnung vor Ihrem inneren Auge kommen wir nun zum «leidigen» Thema Hausputz. Welche Gefühle verbinden Sie damit? Nervt Sie der bloße Gedanke daran, empfinden Sie die Arbeit als lästig, gar als Zeitverschwendung? Ich persönlich liebe das Staubsaugen. Vor allem dann, wenn es geräuschvoll dabei zugeht. Wenn Krümellandschaften im Sauger verschwinden, ist das Geknister wie Musik in meinen Ohren. Reinigen, das Loslassen von Schmutz, gibt mir ein wohliges Gefühl, weil ich das Ergebnis schon während des Saugens umgehend hören und auch sehen kann. Wie verhält es sich beim Wischen des Bodens? Ich habe dunkelbraunes Laminat, auf dem sich jede Art von Schmierspur und Fußabdrücke spiegeln. Noch während der Mob im Einsatz ist und kein Fleck entwischen kann, macht sich neben Sauberkeit auch ein frischer Duft bemerkbar. Dasselbe stellt sich beim Beziehen von Betten ein. Wer liebt es nicht, sich in ein frisches Schlafgemach zu legen? Jungfräulich frische Wäsche, ohne den Schlaf vergangener Tage. Ginge es mir schneller von der Hand, bezöge ich alle paar Tage die Betten neu. Und schon sind wir beim Wäschewaschen. Ich liebe es geradezu, nasse Wäsche aufzuhängen. Der Duft des Waschpulvers, der Geruch von Reinheit verteilt sich in allen Räumen. Parfüm und Raumspray können diese Frische kaum überbieten!

Gehören auch Sie zu den Menschen, die das Bügeln immer wieder gern verschieben? Mir ging es ähnlich, bis ich mir endlich das richtige Werkzeug zugelegt habe. Heute beflügelt mich das Bügeln mit dem neuen Eisen geradezu! Nun kann man sich natürlich alles, was getan werden muss, schmackhaft machen – eine wunderbare Möglichkeit, sich nicht zu grämen. So schaue ich beim Bügeln die Tagesschau, oder ich lausche einem Hörbuch. Vorbei sind die Zeiten, in denen meine Berge ungebügelter Wäsche ungeahnte Ausmaße annahmen und ich damit beschäftigt war, nach geeigneten Verstecken zu suchen, weil der Berg in meinem Blickfeld war und mich gewaltig störte. Aus den Augen, aus dem Sinn? Welcher Trugschluss! Hausarbeit mit dem richtigen Werkzeug kann hingegen Freude machen. Aber ist es nicht mit allem so? Lästige Dinge werden zu «lustigen», gar lustvollen Aktivitäten, wenn unser Hilfsmittel entsprechend ist. Radfahren beispielsweise ist nur dann anstrengend, solange ich einen Berg mit einem Klapprad bezwingen muss.

Die Liste kann endlos fortgesetzt werden. Aber machen wir uns klar: Manche Dinge müssen gemacht werden, wir kommen nicht drum rum, wenn unser Wohlgefühl nicht leiden soll. Wir haben in dem Fall keine Wahl – wir können uns allenfalls die Dinge erleichtern und lernen, etwas zu mögen, statt uns damit abzufinden, und alles wie gewohnt weiterhin verabscheuen. Wenn wir unsere krumme Nase nicht mögen, haben wir uns entschieden, mit einem negativen Gefühl zu leben statt mit der Akzeptanz des Unabänderlichen. Dinge, die unabwendbar sind, sollten grundsätzlich liebevoll angenommen werden. Das heißt, etwas nicht nur zu akzeptieren, sondern zu respektieren und wahrhaftig lieben zu lernen. Wir haben keine andere Wahl, wenn wir ein glückliches, zufriedenes, harmonisches Leben führen wollen! Vertrauen Sie sich, vertrauen Sie Ihrer Entscheidung und dem Ergebnis, das allein in Ihrer Hand liegt! Entscheiden Sie sich jetzt dafür, Dinge von einer anderen Seite aus zu betrachten, ihnen mit einer anderen Haltung zu begegnen. Freuen Sie sich über das halb volle Glas statt über das halb leere. Und kommt zu Ihnen beispielsweise ein Kind und sagt, dass es verloren hat, so kann Ihre Reaktion von entscheidender Prägung sein. Anstatt es zu bedauern, sollten Sie ihm Folgendes sagen: «Du hast nicht verloren! Du hast nur dieses Mal nicht gewonnen. Freuen wir uns mit dem anderen, und beim nächsten Mal gewinnst auch du!»

Ausmisten als Kurztherapie

Ausmisten ist die beste Kurztherapie für zwischendurch, der intelligenteste Befreiungsschlag überhaupt. Es gibt nichts Vergleichbares, mit dem Sie so schnell erfolgreich sind und sichtbare Ergebnisse erzielen. Glücksgefühle sowie das Gefühl von Leichtigkeit stellen sich umgehend ein. Und wer in den eigenen vier Wänden «abspeckt», speckt auch in anderen Bereichen ab. Sie glauben das nicht? Probieren Sie es – der Beweis siegt über die Skepsis. Gönnen Sie es sich und Ihrer Wohnung, warten Sie nicht ab, bis ungeliebte Dinge endlich heruntergefallen und zerbrochen sind und sich Ihr schlechtes Gewissen, das sich bislang gegenüber Ihrem optischen Anspruch durchgesetzt hat, verabschiedet. Denn ist Ihre Wohnung endlich wieder überschaubar, behalten Sie nicht nur in Ihren eigenen vier Wänden Durchblick.

Warten Sie damit nicht zu lang und füllen Sie schon heute Abend Ihre erste Tüte.

> **Unser Zuhause können wir zwar vor anderen verstecken, doch nicht vor uns. Nehmen wir uns, den Dauergast unserer vier Wände, genauso wichtig wie den Besuch, den wir uns wünschen.**

Zum Ausmisten gehört auch das Aufräumen einer Computerfestplatte, von E-Mails, Korrespondenz, Ordnern, Zeitungen und Telefonbüchern. Nehmen Sie sich die Zeit, sich auch hier von Überflüssigem zu trennen. Und wenn Sie die ersten Tüten und Kartons zum Container getragen haben, werden Sie sich darüber wundern, dass Sie damit gelebt haben. Ein Gefühl der Freiheit stellt sich ein, Sie werden Ballast los, verlieren vielleicht auch ein paar Pfunde. Haben Sie keine Angst, sich ungeschützt zu fühlen, nachdem Sie regelmäßig einen Befreiungsschlag durchgeführt haben, Gegenstände können nämlich Ihre Person nicht schützen.

Fülle und Chaos sind allerdings nicht dasselbe, und wir alle wissen, dass keine Wohnung ständig aufgeräumt ist. Auch ein Künstler poliert sein Atelier nicht jeden Tag, doch sein Werkzeug behandelt er mit Liebe und Respekt. Von daher sollte dem Aufräumen keine so große Bedeutung beigemessen werden, dass wir uns mit Rechtfertigungen durchschlagen müssen, wenn wir ihm nicht nachgegangen sind, uns «ertappt» fühlen und uns bei spontanem Besuch in Floskeln der Entschuldigung flüchten wie: «Nett, dass du kommst! Aber blick dich nicht um, ich hab noch gar nicht aufgeräumt!»

Ein Gang durch Ihre Wohnung

Jeder Raum hat seinen eigenen, ursprünglichen Charakter und eine feste Funktion. Menschen, die in eher beengten Räumlichkeiten leben, sehen sich einmal mehr herausgefordert, sich auf wenigen Quadratmetern wohnlich und doch individuell auszutoben, ohne dass das Gesamtbild überladen wirkt. Gerade in kleinen Zimmern tragen Übersicht und Klarheit ganz entscheidend zum Wohlbefinden bei. Wie schon beschrieben: Wir haben die Kontrolle darüber, was uns umgibt. Es ist wichtig, dass Sie atmen können, und das betrifft auch Ihre Möbel. Wie wir inzwischen auch erfahren haben, können Farben gezielt eingesetzt werden, um Räume zu vergrößern, ihnen Weite zu verleihen. Über die Melodie Ihrer Wohnung haben Sie sich ebenfalls schon Gedanken gemacht. Dabei wird Ihr Schlafzimmer anders «klingen» als die anderen Räume. Der Sound von Kinderzimmer und Bad ist sicherlich ein anderer.

> **Auch wenn Sie nur wenig Zeit in Ihrer Wohnung verbringen, sollten Sie sich dort heimisch fühlen.**

Der Flur

Für den ersten Eindruck gibt es keine zweite Chance, da die ersten zehn Sekunden entscheidend sind. Stellt sich Sympathie ein oder nicht? So viel zum Thema Kennenlernen, wobei sich Typberater auf Kleidung und Auftreten beziehen.

Doch auch eine Wohnung spricht Bände und sagt viel über einen Menschen aus. Und auch hierbei entscheidet sich schnell, wie gern beziehungsweise wie lang jemand verweilen möchte. Nun wird sich niemand, der Ihre Wohnung betritt, nach zehn Sekunden wieder umdrehen und flüchten. Aber vielleicht möchte er nicht unbedingt wiederkommen? Dabei ist der Flur das Erste, was er sieht. Viele machen den Eindruck einer Bahnhofshalle. Und auch im Flur werden Dinge deponiert, die lang darauf warten müssen, bis sie wieder an ihren eigentlichen Platz geräumt werden. Sind es bei Ihnen Schuhe, volle Müllbeutel, Leergut und achtlos abgelegte Handschuhe und Mützen, die Sie und Ihren Gast begrüßen? Vom einladenden Gefühl keine Spur! Ein Flur ist zudem Durchgangsbereich zu weiteren Räumen, gestalterisch spiegelt er also in kurzen Auszügen das Gesamtbild Ihrer Wohnung wider. Geschlossene Schuhschränke, ein kleiner Tisch, einzelne Sessel, eine schlanke Bank, einladende Bilder an der Wand hingegen heben optimal den Übergang hervor – sofern der Platz es zulässt.

Das Wohnzimmer

Ob orientalisch, loungig, klassisch, nüchtern oder elegant, ob Schmiedeeisen, Edelstahl, Holz, Glas oder Marmor – Wohnzimmer sind so unterschiedlich wie ihre Bewohner. Dieser Raum ist der zentrale Ort, der Mittelpunkt einer Wohnung, wo sich die Familie versammelt und Gäste empfangen werden. Hier spielt im wahrsten Sinne die Musik, und hier wird die Geselligkeit ganz groß geschrieben. Im Wohnzimmer wird präsentiert und auch zur Schau gestellt. Soll es einladend sein, bedarf es daher einer besonderen Planung.

Immer größerer Beliebtheit erfreuen sich offene Wohnbereiche, die vielseitig und flexibel gestaltet werden können. So können Arbeits-, Wohnzimmer- und Essbereich miteinander verschmelzen. Dabei eignen sich Bücherregale, um Grenzen sowie Übergänge zu markieren: Zum einen fungieren sie als optischer Raumteiler und zum anderen als Lückenfüller für tote Ecken.

Mittelpunkt eines Wohnzimmers ist die Sitzecke mit Sofa und Sessel. Neben dem Komfort spielt – gerade bei Familien mit Kindern – auch die Strapazierfähigkeit der Sitzmöbel eine wesentliche Rolle.

Variable Lichtquellen für unterschiedliche Aktivitäten sowie ein dezentes Inventar erzielen eine größere Wirkung als der oft gesehene Museumscharakter. Selbst wenn sich viele Familien in der Vergangenheit vor einer Großbildleinwand versammelten, scheint sich der Trend zu mehr Gemütlichkeit in Form eines Kamins langsam wieder durchzusetzen. Wie schön, wenn alte Werte nicht verlorengehen, denn Technik kann Gemütlichkeit nicht ersetzen. Ein Gasofen ist eine schöne Alternative zum Kamin, auch wenn er mehr Brennstoff schluckt. Dafür entfällt die Entsorgung der Asche.

Schaffen Sie auf jeden Fall Atmosphäre, damit sich Familie und Gäste wie zu Hause und willkommen fühlen – so wie Sie.

Der Balkon

Nicht jeder Wohnung ist ein Balkon angeschlossen. Doch wer ihn sein Eigen nennen kann, weiß ihn zu schätzen. Ob als Ablagemöglichkeit oder Zusatzstauraum für zerbrochene Plastikübertöpfe, vertrocknete Pflanzen, Leergut, Müll, Wäscheständer, Fahrräder, Tüten voller Resterde – egal wie, er wird genutzt! Einen Balkon oder eine Loggia zu haben hat aber noch einen ganz anderen Vorteil. Dass man sich dort im Sommer aufhält, ist klar. Richten Sie sich aber auch für den Winter dort ein. Stellen Sie schöne Windlichter auf ein Tischchen, kleben Sie Wandtattoos an kahle Betonwände, tauschen Sie Plastik- gegen Tonübertöpfe aus, kaufen Sie Pflanzen, die auch überwintern können. In einer Loggia können auch Bilder an die Wand gebohrt und Betonbodenplatten mit Filz beklebt werden, wodurch für ein zusätzliches Raumgefühl gesorgt wird. Ummanteln Sie die Brüstung Ihres Balkons mit einem Sichtschutz, der das Gefühl von Sicherheit,

Gemütlichkeit und Abgrenzung unterstreicht. Ein wetterbeständiger Stuhl oder Korbsessel mit warmem Schaffell – und der Winter wird es nicht schaffen, Sie vom Balkon zu vertreiben!

Das Schlafzimmer

Es gibt Schlafzimmer, in denen Romantik, Lust und Verführung noch großgeschrieben werden. Und es gibt Schlafzimmer, in denen sich Paare regelrecht entlieben, weil die Atmosphäre dort «eingeschlafen» ist. Aber auch die von Singles, in denen Aktenordner, volle Aschenbecher, Kartons und Wäscheberge den Raum dominieren und für eine hässliche Optik und spürbar schlechte Stimmung sorgen, sind keine Seltenheit in meiner Praxis. Verstaubt unsere Plattform der Verführung, ist der Lack der Romantik zerkratzt, hält man sich im Schlafzimmer nicht mehr gern auf, einem vergeht dort die Lust. Welchen Stellenwert hat es für Sie persönlich? Ist dieses Zimmer mehr als «nur» ein Schlafplatz?

Ein Schlafzimmer ist neben dem Badezimmer der intimste Raum in unserem Zuhause. Aber im Gegensatz zum Bad ist das Schlafzimmer der Ort der gelebten Intimität. Eine Plattform des Verführens, des Liebens, des Träumens, des Abschaltens. Sie wissen vielleicht schon, dass der Mensch ein Drittel seines Lebens schlafend verbringt. Nun ist schlafen nicht gleich schlafen. Inzwischen ist sogar nachgewiesen, dass es sich in einem harmonisch und liebevoll eingerichteten Schlafzimmer anders träumt, schläft und liebt als im gegenteiligen Fall. Matratzen und Bettgestelle spielen dabei eine zentrale Rolle. Wir haben viele kühle und spartanisch eingerichtete «Nester» gesehen, in denen Atmosphäre gar nicht erst entstehen sollte. Alles schien verstaubt, lieblos ein- und hergerichtet wie eine Kammer, in der man sich hinlegt, seine Augen schließt, schläft und wieder aufwacht. Dabei hat ein Schlafzimmer so viel mehr zu bieten, wenn nicht Gerümpel und überflüssiges Zeug vordergründig seine besondere Energie zerstören.

Was macht Lust, lässt einen sich auf die Nacht freuen? Denken Sie abends erwartungsvoll an diesen Raum, und das nicht nur, weil die müden Lider das Bett herbeisehnen? Machen wir doch gemeinsam einen Rundgang durch ein Schlafzimmer, wie man es nicht selten antrifft:

Bunte, geblümte, gesprenkelte, gefleckte, durchlöcherte, ungewaschene Bettwäsche, ein Kissen passt nicht zum anderen. Wer hat Lust, sich hier ins Traumland zu begeben? Liebesnest – fehl am Platz! Auf dem Nachttischchen volle Aschenbecher, vergilbte Zeitungen, ein gerahmtes Bild vom Nachwuchs. Auf dem Wäschekorb vor dem Kleiderschrank stapeln sich Kleiderberge, vermischt sich Frisches mit Ungewaschenem. Auf dem Schrank liegen bunte, abgestoßene Aktenordner übereinander. Auf der Fensterbank finden sich Stechpalmen in Plastikübertöpfen, Kerzenwachs, Staub, Krümel. Das Rollo, eine Zitterpartie aus staubig belegtem Aluminium, natürlich nicht mehr knitterfrei. Ausrangierte Badteppiche als Bettvorleger runden das Bild in seiner Scheußlichkeit ab.

Dieser Anblick ist alles andere als meisterhaft und einladend und in seiner Häufigkeit doch fast ein «Klassiker». Zum Glück kann man dem entgegenwirken.

Wer ein Rendezvous in Aussicht hat und wenn die Hoffnung auf ein «Mehr» berechtigt ist, wird sich zwangsläufig Gedanken machen müssen über das Schlafzimmer, die Plattform der Verführung, der Romantik und der Spielerei. Sie wollen also nicht, dass der Blick in dieses Zimmer den ersten Kuss im Keim erstickt? Dann schaffen Sie Atmosphäre für den «Ernstfall»! Frische Bettwäsche, neue Teelichter, ein Hauch Ihres Parfüms auf das Kopfkissen, die richtige Musik eingelegt und alle Flächen gesaugt, gewischt und aufgeräumt. Gerade eine Dame braucht Stimmung, und nur in den seltensten Fällen sind Chaos, Mief und Unordnung unwesentlich. Doch indem Sie das

Gefühl vermitteln, dass Sie sich auf das Rendezvous gefreut, sich vorbereitet haben, punkten Sie auf alle Fälle!

Wie stellen Sie sich ein schönes Schlafzimmer vor? Träumen Sie es sich herbei! Geld spielt dabei keine Rolle. Nehmen Sie in Gedanken den Zauberstab in die Hand und legen Sie los. Malen Sie die Leinwand Ihres Schlafgemachs. Völlig frei und unabhängig von den tatsächlichen Bedingungen und Voraussetzungen. Der eigentliche Zauber, die große Herausforderung beginnen dort, wo Traum und Realität einander annähern. Das gilt insbesondere bei kleinem oder null Budget für Neuanschaffungen. Träumen Sie, malen Sie, komponieren Sie eine neue Melodie. Fühlen, sehen, spüren Sie Ihr Werk? Verankern Sie das Bild nun fest vor Ihrem inneren Auge.

Doch bevor Sie das Bild in Ihrem Kopf Ihren Möglichkeiten entsprechend umsetzen, erfahren Sie nun ein paar Tipps, sozusagen eine kleine Anleitung. Keine Sorge, Sie müssen sich nicht an alles halten können oder wollen. Kunst hat viele Gesichter, und Sie sind Ihr eigener Meister. Sie tun das, was möglich ist, um Ihr Schlafzimmer heimeliger zu machen. Die Anregungen sollen Sie lediglich bei einer geplanten Veränderung unterstützen:

- Paare sollten entweder auf einer Matratze schlafen oder einen Matratzenschoner über beide legen (weicht das jeweilige Körpergewicht stark voneinander ab, ist eine nicht ratsam). Eine Ritze symbolisiert Trennung.
- Schlichten Sie Streitereien vor dem Zubettgehen, damit der Schlaf nicht gestört wird.
- Sorgen Sie für angenehme, warme Lichtquellen. Teelichter gehen von allein aus, sind daher ungefährlich und sehr romantisch!
- Sperren Sie Stromquellen, sprich technische Geräte, möglichst aus, um einen gesunden Schlaf zu sichern.
- Lüften Sie morgens Ihr Schlafzimmer und schütteln Sie die Bettdecken aus.

- Schlafen Sie nicht mit den Füßen zur Tür (so trägt man Tote raus).
- Ersetzen Sie den Fernseher auf dem Nachtschrank durch ein Buch.
- Verstauen Sie nichts unter dem Bett, es belastet Sie. Ist es unumgänglich, verstauen Sie die Sachen in (rollenden) Bettkästen, das erleichtert das Reinigen.
- Schauen Sie nicht auf Kleiderschränke ohne Türen. An einer Gardinenstange herabhängende schöne Stoffe sorgen für mehr Ruhe.
- Sie sollten sich, wenn Sie liegen, nicht in einem Spiegel sehen können. Laut Feng Shui gehören Spiegel gar nicht ins Schlafzimmer.
- Verbannen Sie mit dem offenen Wäschekorb muffige Energie. Alternativ bieten sich Duftsäckchen und verschlossene Körbe an.
- Stellen Sie Symbole auf, besonders Paarsymbole wie etwa zwei Delphine, sie bringen Glück und fördern die Zweisamkeit.
- Ein Schlafzimmer sollte kleiner als das Wohnzimmer sein, wo sich das Leben und die Geselligkeit vorwiegend abspielen.
- Schlafen Sie nicht mit dem Kopf zum Fenster, denn Sie brauchen hinter sich «Schutz». Bringen Sie alternativ Rollos oder Gardinen an und stellen Sie sichtnehmende Dekoartikel auf die Fensterbank.
- Verzichten Sie lieber auf frische Blumen, denn diese nutzen den Luftvorrat mit, Kakteen fördern außerdem Disharmonie (stattdessen täuschend echt aussehende Plastik- oder Stoffblumen).
- Es heißt zwar, das Element Wasser (Aquarium, Zimmerbrunnen) fördere den Wohlstand, doch in einem Schlafzimmer ist es eher ruhestörend, da es fließt und niemals stillsteht.
- Volle Kleiderschränke ziehen Motten an, entrümpeln Sie auch hier (Durchlöchertes, Verwaschenes, Eingelaufenes, Altmodisches, lang nicht Getragenes). Sortieren Sie neu nach Farben oder Themen. Tipp: Veranstalten Sie mit Freunden für die Überbleibsel eine «Kleider-Tausch-Party».
- Tauschen Sie Draht- oder Plastikbügel gegen einheitliche Holzbügel.
- Lassen Sie Ihr Bett während des Tages nicht ungemacht und bede-

cken Sie es eventuell mit einer schönen Tagesdecke (zwei lange Laken, Tischdecken oder Gardinenschals tun es auch). Darauf platzieren Sie vielleicht zwei große Kissen.

- Nehmen Sie bevorzugt Bettwäsche aus Baumwolle und Leinen – dem Stoff, der für Ihre Haut am angenehmsten ist. Seide ist schick bei besonderen Anlässen, doch Haut kann darunter schlechter atmen.
- Wechseln Sie an einem festen Tag in der Woche Ihre Bettwäsche. Freuen Sie sich auf den Duft und die Reinlichkeit, die Sie sich in kurzen Abständen gönnen sollten.
- Vermeiden Sie unnötige Ablagen wie einen Stuhl, Sessel oder Hocker, auf denen Sie Ihre Kleidung ablegen. Räumen Sie sie gleich weg (Tipp: vor dem Weghängen lüften, mit einem Wäschespray besprühen oder ab in die Waschmaschine).
- Ziehen Sie ein Bett aus Holz einem Metallbett vor. Metall leitet schneller, besonders wenn Sie viele Elektrogeräte um sich herum haben.
- Fotos Ihrer Kinder gehören nicht in ein Schlafzimmer. Möchten Sie von ihnen beim Liebesspiel «beobachtet» werden?
- Stellen Sie das Bett, wenn möglich, weit weg vom Fenster auf, um im Sommer Zugluft und im Winter Kälte zu vermeiden. An einer Innenwand ist es übrigens wärmer.
- Wählen Sie unauffällige Einbauschränke, die bis zur Decke gehen, um hässliche Lücken zu vermeiden. So dominiert der Schrank auch optisch nicht das Zimmer, wenn das «Dach» als sichtbare Ablage genutzt wird.
- Achten Sie bei der Wahl der Bettwäsche auf die Wirkung ihrer Farbe. Unterscheiden Sie zwischen Verführung, Romantik Gesundheit.

Singles, die sich einen Partner wünschen, raten wir, Bettwäsche im Doppelpack zu kaufen und auf das Bett zwei Kopfkissen und zwei Bettdecken (alternativ eine XL-Bettdecke) zu legen. «Erwarten» Sie die Ankunft eines Partners und seien Sie vorbereitet. Vorab arrangierte Situationen können den ersehnten Umstand herbeiführen. Sprechen Sie aus, wovon Sie träumen! Und geht Ihr Wunschtraum in Erfüllung und klopft an die Tür, lassen Sie ihn herein – Sie sind ja vorbereitet!

Paaren, die zusammenziehen, empfehlen wir, sich eine neue Matratze anzuschaffen. Legen Sie sich nicht auf die verblassten Spuren der Leidenschaft Ihres Partners und seiner Ex. Am besten kaufen Sie sich eine große Matratze und weihen diese gemeinsam ein!

Das Kinderzimmer

Wohl niemand vergisst sein Kinderzimmer, ob er es mit Geschwistern teilen musste oder für sich allein beansprucht hat. Welche Gefühle steigen in Ihnen hoch, welche Erinnerungen haben Sie an Ihr erstes eigenes, kleines Domizil? Deckte es Ihre Ansprüche ab? Was hat Ihnen gefehlt, was hat Sie gestört? Was war optimal? Wie viel Einfluss hatten Sie bei der Gestaltung?

Wenn wir die Wohnung einer Familie betreten, fragen wir uns oft, wo genau das Kinderzimmer beginnt und wo es endet. Die Kleinen machen sich überall breit, verstreuen ihr Spielzeug in sämtlichen Zimmern. Sollen und dürfen sie auch, denn in Geselligkeit spielt es sich oft angenehmer, außerdem sind sie ja Teil des Familienlebens. Doch auch nach Feierabend bleiben die Spuren des nachmittäglichen Spiels oft erhalten. Ein attraktiv gestaltetes Kinderzimmer erleichtert den Bewohnern, dort zu verweilen.

Kinderzimmer sollten mit den steigenden Ansprüchen unserer Kinder wachsen. Hochbett und Bücherregal ersetzen schneller als gedacht Wiege und Wickelkommode. Aus Kleinkindern werden Schulkinder. Diese entwickeln sich, ihr Spielzeug nicht. Misten Sie gelegentlich gemeinsam aus, schaffen Sie Struktur, sinnvolle Staumöglichkeiten helfen, Chaos zu beseitigen. Ein Kinderzimmer hat mehrere Funktionen. Hier schläft, träumt, arbeitet und spielt ein Kind. Es beschäftigt sich dort allein oder mit Freunden. Und nicht zu vergessen: Ein Mädchenzimmer ist etwas ganz anderes als das eines Jungen.

Mangelt es an Platz, schaffen Hochbett sowie Regale – stehend oder an die Wand geschraubt – mehr Raum. In großen Zimmern können Kommoden oder Regale als Raumteiler fungieren und die Lernecke vom Schlaf- beziehungsweise Spielbereich trennen. So gesehen ist ein Kinderzimmer eine Wohnung im Kleinformat. Was den Boden betrifft – so schön Laminat oder Parkett auch sind, gemütlicher ist Teppich oder ein großes Stück Teppich, denn Kinder spielen gern auf dem Boden, und das vom Krabbelkind bis zum Teenager.

Die Beleuchtung ist ein ebenso zentrales Thema. So sollten warme Lichtquellen genauso vorhanden sein wie helle Deckenleuchten. Der Schreibtisch sollte mit einer Schreibtischlampe bestückt sein genauso wie das Nachttischlämpchen, das abends das Lesen beziehungsweise Vorlesen angenehm und stimmungsvoll macht.

Noch ein Tipp, falls die Größe Ihres Schlafzimmers die des Kinderzimmers weit übersteigt – wie wäre es mit einem Zimmertausch? Kinder freuen sich über jeden Zentimeter Freiraum, weil er ihrem Bewegungs- und Spieldrang entgegenkommt. Sie hingegen betreten in der Regel abends Ihr Schlafzimmer und nutzen «nur» das Bett. Und noch etwas – ist Ihre gesamte Wohnung einheitlich gestaltet, darf diese Linie im Kinderzimmer gern unterbrochen werden. Ihre Kinder haben nämlich eigene Ideen und Vorstellungen – bringen Sie sich hier nur ein, wenn es darum geht, Gefahrenzonen zu entfernen beziehungsweise sinnvolle Gegenstände wie eine optimale Lichtquelle oder gesunde Sitzmöbel anzuschaffen. Stellen Sie Ihr Ego, was Einrichtung und Stil angeht, hinten an!

Das Arbeitszimmer

Konzentration, Ordnung, Struktur, Übersicht und Arbeitsgewohnheit sind Schlagworte, wenn es um das Arbeitszimmer geht. Holz ist dabei das bevorzugte Material. Eine ausreichende Arbeitsfläche, ein Computer, ein bequemer Lehnstuhl und gute Beleuchtung – so macht das oft lästige und lange Arbeiten doch noch mehr Spaß und fördert die Produktivität und den Erfolg.

Wer allerdings kein eigenes Büro in seiner Wohnung hat, arbeitet oft im Wohnzimmer. Hier gilt es dann, die beiden Bereiche voneinander zu trennen, um die jeweilige Atmosphäre nicht zu beeinträchtigen. Raumteiler wie Vitrinen, Bücherregale, offene Schränke (Würfelsystem) oder große Pflanzen sorgen für eine sinnvolle Separierung und einen harmonischen Übergang. Überlegen Sie aber genau, wo Wohn- und wo Arbeitsbereich angeordnet werden sollen. Erfolgreiches Arbeiten sowie geselliges Beisammensein sollen nicht zu kurz kommen!

Die Küche

Die Küche – diese wird wohl zwangsläufig mehr geputzt und gewischt als jeder andere Raum. Und wer eine Spülmaschine nicht sein Eigen nennt, wird die Spülmittelhersteller rege unterstützen. Und doch – gerade in der Küche sind viele Bakterien und Keime, weil es einfach zu viele Schwachstellen wie Herd und Kühlschrank gibt, die mit Reinlichkeit und Hygiene nicht viel am Hut haben – entweder aus Mangel an Zeit und Lust oder weil sie oft übersehen werden.

Werfen wir doch die Küchen-Klassiker mal in die Runde: volle Schränke, Unübersichtlichkeit, abgelaufene Lebensmittel und Gewürze, angeschlagenes Geschirr und Kaffeebecher, so weit das Auge reicht, und erst die Kochrückstände auf dem Herd!

Ziehen auch Sie immer nur die vordersten Tassen und Gläser aus dem Schrank? Und Ihr Teevorrat – wie viele Packungen beherbergen womöglich nur noch einen einzigen Teebeutel? Schaffen Sie Platz, indem Sie die restlichen Beutel zusammenlegen. Vielleicht haben Sie ja Lust, der gesamten Küche mal ein neues Make-up zu verpassen? Wände streichen, ein neues großes Holzschneidebrett kaufen, das Sie als Blickfang auch offen liegen lassen können. Oder wie wäre es, wenn Sie die halbe Spitzengardine gegen ein Holzrollo austauschen, die Herdplatten mit schlichten weißen Abdeckplatten kaschieren, schöne Bilder aufhängen, Kräutertöpfe auf die Fensterbank stellen, wo sich bis heute nur lästige Ablage stapelt?

Küchen sind, wie das Bad, eher vernachlässigte Räume im Hinblick auf ihre Gestaltung. Gibt es eine Küche, in der Sie gern gekocht, gespeist oder sich aufgehalten haben? Eine Küche sollte Lust auf Kochen machen. Ein Radio sorgt für die musikalische Untermalung bei der Zubereitung der Speisen. Der Tisch kann mit einem neuen Tischtuch (alternativ Gardine oder ein unifarbenes Bettlaken) ausgestattet beziehungsweise von der Plastiktischdecke befreit werden, farbig abgestimmte Stuhlkissen oder Hussen verschönern die Stühle.

Und sollten Sie eine Wohnküche haben, können Sie von doppeltem Glück reden: Es ist wundervoll, gemütliches Beisammensein und Kochen unter einen Hut zu bringen. Düfte und Wärmequellen sorgen für eine nicht zu übertreffende Atmosphäre.

Und beim nächsten Öffnen Ihrer Schränke schauen Sie bitte einmal genau hin: Was stopfen Sie zurück, weil es Ihnen sogleich entgegenfliegt? Benutzen Sie alles aus den Schränken? Kennen Sie den ganzen Inhalt Ihrer Küchenschränke? Stellen Sie sich vor, Sie fänden längst Vermisstes wieder oder wundern sich über schon seit Langem Abgelaufenes. Aber solange Neuanschaffungen die Sicht auf die hintersten Reihen versperren, werden Ihnen diese Überraschungen natürlich weiterhin erspart bleiben!

Das Badezimmer

Räume haben Klänge. So vernehme ich im Badezimmer das Plätschern von Flüssen und Bächen. Ich höre nicht die Toilettenspülung und nicht das Wasser, das aus dem Hahn läuft. Mit Ruhe, Natur, Schönheit und Reinheit assoziiere ich persönlich ein Badezimmer.

Wir haben uns längst von den 70er-Jahre-Badezimmern, in denen sich noch ein Bidet zum WC gesellte, verabschiedet. Heute spricht ein Bad mehr die Sinne an, als dass es allein praktische Ansprüche erfüllt. Bad und WC sind heute in der Regel voneinander getrennt. Inzwischen ist es üblich, seine Notdurft in Ruhe und entspannt zu verrichten, während der Partner sich genüsslich einem Schaumbad oder einer Massagedusche hingibt. Jeder Raum hat seinen eigenen Charakter, und die Optik spielt wie gesagt eine zunehmend wichtige Rolle, nicht immer nur praktisch. Insbesondere im Bad sollten beide Voraussetzungen erfüllt sein. So bieten sich statt der um den Wannenrand herum drapierten bunten Flaschen aus dem Drogeriemarkt schöne Flakons mit Badeölen an sowie Kerzenleuchter, Naturschwämme und Badesalze in kleinen Schalen. Die Artikel aus der Drogerie verschwinden in geschlossenen Unterschränken. Wie ist es um die Handtücher bestellt? Sind sie allein zweckmäßig und stammen aus dem Schnäppchenladen oder sind sie auch farblich aufeinander abgestimmt? Ist die Raufaser klassisch weiß gestrichen oder kleidet die Wand eine Tapete? 70er-Jahre-Kacheln können überstrichen oder ganz herausgeschlagen werden. Tauchen Sie Ihr Bad in eine neue Farbe, verpassen Sie den Wänden einen anderen Anstrich. Die Seifenspender aus dem Handel weichen vielleicht einer schönen Seifenschale oder einem Spender aus Keramik. Und für das Badespielzeug der Kinder findet sich sicher ein schöner Weidenkorb oder ein waschbarer Beutel. (Er-)leben Sie Harmonie und Sinnlichkeit von einer ganz neuen Seite!

Auch ein bestimmtes Licht und besondere Materialien bestimmen heute ein modernes Bad. Marmor, Granit, Parkett, Holz, Stahl,

Glas, Tapete. Selbst Bilder oder Wandtattoos schmücken diesen Raum – alles ist möglich und lässt sich auf sämtliche Bedürfnisse und Ansprüche abstimmen. Verwandeln Sie Ihr herkömmliches Bad in eine Wellnessoase, einen Ort des Abschaltens, des Entspannens. Und sollten Sie keine Badewanne besitzen und sich auf engstem Raum waschen, duschen und schminken müssen – kein Problem, denn auch mit einem kleinen Bad sollte Ihr Anspruch sein, dort in Zukunft gern zu verweilen. Selbst wenn die Herausforderung etwas größer erscheint.

Nehmen wir genüsslich ein Schaumbad, ohne auf ein WC zu schauen, um das sämtliche Haushaltsreiniger Spalier stehen und dessen Deckel hochgeklappt ist. Diese gehören weggeräumt und der Deckel heruntergeklappt. Setzen Sie noch heute um, was möglich ist!

Und sollten Sie sich für einen Ihrer Räume etwas Neues anschaffen – egal, ob Vasen, Accessoires, eine neue Fußmatte oder eine Tischdecke –, entfernen Sie von allem das Preisschild. Aufkleber gehören entfernt, zudem sollten lange Etiketten abgeschnitten werden, da sie oft heraushängen und bei jeder Bewegung knistern.

Keller und Dachboden

Dachböden sterben langsam aus. Heute erinnern fast nur noch die Geschichten unserer Vorfahren an diesen wunderbaren Ort der Mystik, der Magie, des Abenteuers, in den sich Kinder zurückzogen, um sich mit Taschenlampen durch Aufbewahrtes und Verstaubtes vergangener Zeiten zu wühlen. Die Dachboden-Kultur könnte ganze Bücher füllen, wir müssen uns aber heute auf den Keller beschränken.

Keller – Psychologen sprechen auch gern vom «Unterbewusstsein». Laien verstehen darunter das «schlechte Gewissen». Der Keller ist oft die letzte Station, bevor endgültig etwas entsorgt wird. Er ist der Ort der Dinge, von denen wir uns «vorerst» trennen, nach dem Motto: aus den Augen, aus dem Sinn. Und doch – man könnte eine Sache vielleicht noch einmal gebrauchen, deshalb behält man sie auch. Und so wird der Keller zum idealen Parkplatz, zur Quelle von Flohmarktkisten, Erinnerungen und Saisonware. Er ist aber auch die Ursache unseres schlechten Gewissens, denn das Ausmisten wurde nicht gänzlich abgeschlossen. Es sitzt quasi direkt unter uns, nur wenige Meter tiefer, und wir spüren es deutlich. Kaum eines Raums – zwar von der Wohnung getrennt, dennoch ein Teil von uns, unserer Geschichte – nimmt man sich so ungern an wie des Kellers. So geheimnisvoll wie der Dachboden ist er sicher nicht, und doch sammelt sich auch dort der Ballast. Dort wird uns Endlichkeit, sei es die von Gegenständen, gegenständlichen Zeitzeugen, erst so richtig bewusst. Wir können auch ohne sie – und sie ohne uns. Aber ist ein aufgeräumter Keller überhaupt vorstellbar? Ihn in Ordnung zu bringen und zu reinigen ist sozusagen die Krönung, erst wenn das geschehen ist, wissen wir, was uns «uns sauber fühlen lässt» und frei macht.

Gehen Sie in die Tiefe, begeben Sie sich in Ihren Kellerraum und räumen Sie, entsorgen Sie, befreien Sie sich und schaffen Sie Struktur. Der Keller, das ungeliebte Waisenkind unseres Lebensraums, bleibt als kommoder Stauraum begehrt. Genutzt und ausgenutzt, zum Teil verflucht wegen Nässe und der Motten. Als begehbarer und kühlender Weinkeller oder Fitnessraum wird er ebenso geschätzt – wenn er trocken und aufgeräumt ist.

Aber nicht jeder hat so einen Keller, in dem sich vieles unterbringen lässt. Nehmen Sie sich diese Menschen zum Vorbild, wenn es darum geht, Ihr gesamtes Hab und Gut in einer kleineren Wohnung zu verstauen.

Stauraum

Apropos verstauen: In fast jeder Wohnung gibt es ein kreatives Chaos, das zeigt: Hier wird gelebt! Aber da unser Thema das Aufräumen ist, müssen wir Ihnen auch die Möglichkeiten aufzeigen, mit denen Sie Stauraum schaffen und nutzen können. Nicht ein Stauraum für Ungeliebtes (damit sollen Sie sich nicht umgeben!), aber für Notwendiges, das wenig dekorativ ist. Für eine Reihe von Dingen haben wir uns Folgendes überlegt:

Staubsauger: Gibt es Platz in Ihrem Kleiderschrank? Können Sie einen Freiraum zwischen Wand und Schrank schaffen? Befindet sich in Ihrem Raum (oder auf dem Dachboden) eine geliebte alte große Truhe? Ist es vielleicht an der Zeit, sich einen neuen und kleineren Sauger anzuschaffen? Wie wäre es mit Ihrer Abstellkammer, in der vielleicht auch schon der Trockner steht, auf den der Sauger abgestellt werden kann?

Wäscheständer: Manche schieben diesen unter das Sofa, andere stellen ihn zwischen Schrank und Wand (neben den Sauger), wiederum andere finden unter dem Bett den geeigneten Platz. Tipp: Waschen Sie abends, dann trocknet die Wäsche im beheizten Raum über Nacht und kann gleich morgens abgehängt werden. Im Sommer ist natürlich der Balkon Ihr Freund.

Fakt ist: Wer Stauraum braucht, wird ihn finden. Ein schneller Effekt ist das Ausmisten der Schrankinhalte in der Küche. Misten Sie nicht nur aus, tauschen Sie auch mal die Inhalte aus. Den des einen räumen Sie in einen anderen Schrank und umgekehrt. Sie werden den Unterschied beim Betreten der Küche zwar nicht sehen, aber Sie werden ihn spüren!

Gerade im Flur – die Herberge der Schuhe – lohnt es sich, ein Stück Stoff in der Farbe der Wand aufzuhängen, hinter dem Sie nicht zu tiefe Regale für die Schuhe und anderen (unbedingt nötigen) Krimskrams aufbauen (quer statt längs stellen in einem schmalen Flur). Eine

Alternative sind schicke Kartons, die Sie gestalten oder mit Fotos der Schuhe bekleben können. Kleine Kräuterkissen verbannen die «dicke Luft». Verbannen Sie die sperrige Garderobe aus dem Flur, es findet sich bestimmt noch Raum in Ihrem Schrank, nachdem Sie auch hier ausgemistet haben.

Hindernisse und wie man sie überwindet

Wir kennen sie alle, die Ausreden, Entschuldigungen und Rechtfertigungen, die uns davon abhalten, endlich – wofür auch immer – den ersten Schritt zu tun. Nichts powert geistig mehr aus, als nicht mehr gefordert zu sein, nicht weiter einen Weg beschreiten zu müssen, nicht mehr den Wunsch zu verspüren, neue Erkenntnisse, mehr Weisheit zu erlangen. Wie viele Leben haben wir, dass wir es uns erlauben, existenziell wichtige Dinge immer wieder hinauszuschieben? Jeder Tag, an dem wir weder bewusst leben noch lachen, ist ein verlorener Tag! Das heißt nicht, dass schlechte Gefühle unberechtigt wären. Im Gegenteil, Sie sind Teil unseres Wegs zum Künstler.

Perfektion ist nicht das Ziel, auch nicht Vollkommenheit. Es gibt nichts Langweiligeres als das Stehenbleiben nach dem Ankommen.

Wie lang noch soll unser kleines Wohnparadies ausschließlich in unserem Kopf existieren? In diesem Buch geht es schließlich um die Leinwand unserer eigenen vier Wände, es bereitet uns vor auf das, was wir im Kopf geplant haben. Zurück zu den Entschuldigungen und Ausflüchten, wenn es um schönes und gesünderes Wohnen geht. Was passiert, wenn sie zur Dauerfloskel werden, die Realität um uns herum zunehmend verschwimmt und das imaginierte Paradies verblasst oder verschwindet?

Womit begrüßen wir spontane Besucher, wenn unsere Wohnung nicht aufgeräumt ist? Entschuldigen wir uns und bitten darum, sich nicht umzusehen? Oder sagen wir: «O ja, komm doch rein. Aber hier stehen noch die Tüten vom letzten Flohmarkt, bitte nicht stolpern!» oder geben wir vor, gerade aufräumen zu wollen? Gehören Sie zu denen, die sich peinlich berührt fühlen, oder gehen Ihre Freunde schon davon aus, dass spontane Besuche bei Ihnen nicht möglich sind? Wir werden immer pfiffiger, immer gerissener, wenn es um unser häusliches Chaos geht. Und wie dankbar sind wir erst, wenn wir im vierten Stock ohne Aufzug wohnen, sodass wir die Zeit, die der Gast von der Haus- bis zur Wohnungstür braucht, nutzen können, um herumliegenden Krimskrams im Rekordtempo in alle möglichen Lücken zu stopfen.

Wäscheberge, Bügelberge lachen uns an, doch wir lachen nicht zurück. Warum eigentlich nicht? Zäumen wir das Pferd doch mal von hinten auf: Wir können froh sein, dass es Werkzeuge in Form von Waschmaschinen, Trocknern, Geschirrspülern und Bügeleisen gibt – und Sie meckern noch immer?

Ein Glas ist irgendwann entweder halb voll oder halb leer. Es hängt allein von Ihnen ab, ob Sie sich an der verbliebenen Hälfte erfreuen können oder sich über die verlorene Hälfte grämen. Gründe, sich über etwas aufzuregen, gibt es genug. Aber viel «aufregender» ist es doch, sich nicht mehr zu ärgern, oder? Es ist wunderbar, manche Dinge nicht mehr an sich herankommen zu lassen und sich langsam in Gelassenheit zu üben. Wir können vieles nicht ändern, aber wir können unsere Gefühle beeinflussen und unsere Haltung manchen Dingen gegenüber ändern. In welche Richtung, das entscheidet jeder für sich und ganz allein – wohlwissend, dass es nur eine «gesunde» Richtung geben kann. Lassen Sie sich anstecken von Menschen mit positiver Ausstrahlung, die auch in schwierigsten Zeiten lächeln.

Die Kinder fordern Aufmerksamkeit, der Partner schreit nach Zärtlichkeit, und wir erwarten Unterstützung. Aber führen wir uns doch eines mal vor Augen: Wer viel hat, muss viel erledigen, Stichwort «Staubfänger». Es gibt Menschen, die kaufen lieber zehn neue T-Shirts, um Waschen und Bügeln zu vermeiden. Ist das dekadent, raffiniert? Worum geht es eigentlich? Erinnern wir uns daran, dass Bügeln Spaß machen kann, wenn uns das richtige Werkzeug zur Seite steht. Bügeln erdet, baut Kalorien ab; und wenn man sich dabei die Zeit mit Hörspielen oder TV-Sendungen vertreibt, vergeht die Arbeit wie im Flug. Das Schöne meiner ganz persönlichen Leidenschaft Staubsaugen habe ich Ihnen schon verraten. Natürlich erfordert eine vierköpfige Familie ein anderes Ordnungssystem, andere Strukturen als ein 2-Personen-Haushalt. Wie schon gesagt, jede Medaille hat zwei Seiten. Welche davon Sie nach oben legen, entscheiden Sie! Sollten Sie nun wider Erwarten zu sehr ins Stocken kommen, wiederholt nach Pausen lechzen, sich überfordert fühlen, dann bitten Sie doch um die Mithilfe eines Freundes. Wer von Ihren Bekannten hat Sie bereits wiederholt auf den Zustand Ihrer Wohnung aufmerksam gemacht? Entscheiden Sie sich aber doch gegen Hilfe von außen, müssen Sie da allein durch. Schließlich messen wir uns im Leben an den Dingen, die uns fordern. Und fordern heißt auch fördern. Fordern wir uns also, packen wir uns nicht mit Samthandschuhen an! Sie können auch in Etappen vorgehen und sich jeden Tag 15 Minuten Zeit für Ihre Wohnung nehmen. Diese Viertelstunde integrieren Sie bitte in Ihren Alltag. Zur Not tragen Sie sich diese Zeit als festen Termin in Ihren Kalender ein. Weitere Vorschläge dazu können Sie unseren Websites entnehmen: www.endlichaufgeraeumt.de sowie www.wohnkosmetik.de.

Wenn Sie einen Gegenstand in der Hand halten, gibt es nur zwei Möglichkeiten: Entweder Sie behalten ihn oder misten ihn aus. Halten Sie sich Ihr Ziel immer wieder vor Augen: «Ich entscheide mich, Dinge auszumisten, weil ich endlich wieder frei und übersichtlich leben will!» Und keine Sorge: Sollten Sie bereuen, sich von etwas getrennt zu haben, setzen Sie es auf Ihre nächste Einkaufsliste. Ihr Leben wird jedenfalls nicht ärmer, weil Sie dieses oder jenes nicht mehr haben. Im Gegenteil, Sie können nur gewinnen und reich werden – nicht nur an Platz!

Klare Beschlüsse auszusprechen ist für Veränderungen und Neuanfänge unabdingbar! Wie schwer fällt es Ihnen eigentlich, Entscheidungen zu treffen? Gibt es Unterschiede zwischen der beruflichen und der privaten Ebene? Umgehende Entscheidungsfindung heißt aber nicht, dass etwas sofort perfekt ist. Das heißt, dass wir uns möglichst früh dazu durchringen sollten, beispielsweise einen Wäscheberg gar nicht erst entstehen zu lassen.

Aufräumen mit Kindern

Kinder werden häufig als Grund dafür genannt, warum bestimmte Dinge nicht möglich sind. Vorab ein paar grundsätzliche Worte dazu: Kinder sind zu keinem Zeitpunkt für Erwachsene sowie deren Handeln verantwortlich, die ihr eigenes Leben nicht in die Hand nehmen. Eine Umkehr der Verhältnisse, sprich sich für nicht zuständig zu erklären, ist die schändlichste Opferhaltung, in die wir uns begeben können. Insofern ist ein wahrer Künstler des Aufräumens und Gestaltens in der Lage, Kinder einzubinden, ihnen Dinge vorzuleben und sie in die Lage zu versetzen, selbst Künstler zu werden. Die Verantwortung liegt dabei ganz klar beim Erwachsenen. Kinder wollen Freiraum und Grenzen (auch das ist im Übrigen ein Begriffspaar). Wenn wir diese beiden Aspekte miteinander verwechseln, bekommen wir Kinder, die mit Gewalt ihren Willen durchsetzen wollen und in Situationen, in denen es darauf ankommt, mutlos und handlungsunfähig sind, anstatt couragiert und voller Energie zur Tat zu schreiten. Im Folgenden geht es uns darum, wie Sie Ihre Kinder dabei unterstützen können, ebenfalls zu kleinen kreativen Künstlern zu werden, sodass Sie in Zukunft gemeinsam an der Gestaltung Ihres Raums arbeiten.

Mit Kindern aufzuräumen ist mehr als eine gemeinsame Beschäftigung und alles andere als nur Zeitvertreib. Sieht man einmal davon ab, dass ein Hans im reifen Alter nicht mehr lernt, was ein Hänschen in jungen Jahren nie gelernt hat. Springen Sie über Ihren Schatten und betrachten Sie das Aufräumen aus der Sicht eines Kindes. Wecken Sie dafür noch einmal dieses Kind in sich!

Ich gehe sogar so weit, das gemeinsame Aufräumen eines Kinderzimmers als pädagogisch sinnvoll einzustufen. Ein überladenes Zimmer, eine unübersichtliche Anzahl an Dingen, die wir, gut gemeint, für die Kleinen einst angeschafft haben – hier verhindert Reizüberflutung schnell die Kreativität! Ein Kinderzimmer muss Spaß haben ermöglichen; und es muss Spaß machen, die Spielsachen nach ausgiebigem Nutzen wieder an ihren Platz zu tragen. Daher: Gelungene Staumöglichkeiten sind hier das A und O. Und noch etwas ist gewiss: Ordnung ist das halbe Leben. Tragen Sie entscheidend dazu bei, dass Ihr Kind diese nicht als Last empfindet, sondern dass es Lust auf das Ergebnis, ein aufgeräumtes Zimmer hat. Auch das Ausmisten in regelmäßigen Abständen ist wichtig. Beschäftigt sich Ihre Achtjährige tatsächlich noch mit dem 10-Teile-Puzzle? Berücksichtigen Sie die Entwicklung Ihres Kindes und nehmen Sie es ernst. Versetzen Sie sich zurück in Ihre Kindheit, die als Mutter/Vater wieder lebendig wird. Binden Sie Ihren Nachwuchs rechtzeitig auch in scheinbar (Ihrer Meinung nach) «lästige» Arbeiten mit ein. Und machen Sie sich nicht zur persönlichen Haushaltshilfe, weder Sie noch Ihr Kind haben etwas davon. Und den Nachwuchs zu bedienen geht zwangsläufig nach hinten los. Beginnen Sie früh, Verantwortung und Wertschätzung zu vermitteln und diese auch zu teilen. Wenn Sie die Selbständigkeit Ihres Kindes stärken, verdoppeln sich Freude und Zeit. Haben Sie keine Angst vor dem Protest Ihrer Kinder, führen Sie sie liebevoll an das Aufräumen und an kleine Hausarbeiten heran. Kinder brauchen Vorbilder.

■ **Nur aus dem, der viel übt, wird ein Meister.**

Noch besser ist es, wenn Sie die ganze Familie ins Aufräumen mit einbinden. Gemeinsam ein schönes, sauberes, aufgeräumtes Zuhause zu schaffen ist ein wundervolles Ziel, das machbar ist! Es geht nicht darum, Ihr Kind und seine Freunde, jeden Trecker aus dem Wohnzimmer zu verbannen. In Räumen soll gelebt, gewohnt, kommuniziert, sich ausgetobt werden. Und bleiben Sie entspannt, wenn Ihre Kinder Spuren über die Grenzen des Kinderzimmers hinaus hinterlassen. Teilen Sie ihnen lediglich auf verständliche, liebevolle Art und Weise mit, dass nicht jedes Zimmer ein Kinderzimmer ist.

Die Glücksfrage

Eine bewährte und sinnvolle Methode, um ein gesundes Gleichgewicht zwischen Loslassen und Festhalten zu bekommen, ist die sogenannte Glücksfrage. Sie ist Ihnen bei der Überlegung, an welchen Gegenständen Ihr Herz tatsächlich hängt, behilflich. Sie lautet: Macht der Gegenstand mich glücklich oder finde ich ihn nur gut? Sie können diese Frage zu jedem Gegenstand, bei dem Sie sich nicht sicher sind, ob Sie ihn aufheben wollen, stellen – unabhängig davon, in welchem Raum er sich befindet. Wenn Sie sagen können, dass er Sie sehr, auf alle Fälle, fraglos glücklich macht, müssen Sie ihn behalten. Wenn Sie ihn nur gut finden, müssen Sie sich fragen, wie viele der Dinge, die Sie nicht glücklich machen, Sie gern um sich haben. Die Glücksfrage hat eine Reihe «freundlicher Verwandter». Diese ihr ähnlichen Fragen sind folgende:

Finde ich den Gegenstand sehr gut, nur gut, oder ist er mir eigentlich egal?
Behalte ich den Gegenstand, weil er wertvoll für mich ist oder weil ich ihm einen Wert beimesse?
Ist der Gegenstand ständig in Gebrauch oder benutze ich ihn selten/nie?

Wenn Sie anfangen, Gegenstände so zu betrachten, und dabei die «Absicht hinter der Absicht» berücksichtigen (siehe Loslassen als Werkzeug), werden Sie sich in Zukunft grundsätzlich von Dingen trennen können. Wenn Sie jetzt denken, dass Sie wertvolle Dinge doch nicht einfach wegwerfen können, sind Sie auf dem richtigen Weg, das Erkennen der Absicht hinter der Absicht zu üben. Offensichtlich wollen Sie wertvolle Dinge behalten. Dahinter steckt das Ziel, den Wert zu erhalten, was recht vernünftig erscheint. Dementsprechend würde es nun darum gehen, diese wertvollen Dinge zu verwerten. Dafür müssen Sie sie aber nicht behalten, wenn diese Sie nicht glücklich machen. Sie brauchen nur eine Idee, was Sie mit ihnen machen können anstelle des simplen Wegwerfens. Dazu später mehr. An dieser Stelle reicht die Erkenntnis: Es gibt die Glücksfrage und ihre Verwandten, die Sie sich selbst zu jedem Gegenstand in Ihrer Wohnung stellen können. Fülle außen bedeutet oft Leere innen!

Eine besondere Form von Glück

Glücklich der, der einen Freund hat, der ihm ehrlich und von Herzen die Meinung sagen kann. Fragen Sie mal in Ihrem Freundeskreis, wer gern aufräumt und wer dem Putzen eher schmollend aus dem Weg geht. Und ist jemand darunter, der Ihnen schon mal hat sagen wollen, dass Ihre Wohnung, also ... na ja ... ähäm, so ... ist? Wie wäre es, wenn Sie genau diesen Menschen in Ihr heutiges Vorhaben einweihen? Und dann machen Sie es vielleicht so wie ich: Ich habe schon vor langer Zeit begonnen, gemeinsam mit einer Freundin den Frühlingsputz zu betreiben. So nehmen wir uns an einem Tag ihre Wohnung, an dem anderen meine Wohnung vor. Es macht zwar nicht weniger Arbeit, aber man hat definitiv mehr Spaß dabei. Stimmungsvolle Musik, ein Gläschen Sekt dazu – und wir tanzen uns durch das «notwendige Übel». Eine meiner Freundinnen schlug letztens sogar vor, die eigene Wohnung gegen die einer Freundin für einen Tag zu tauschen, um bei der anderen aufzuräumen und zu putzen – was für ein reizvoller Vorschlag – auch für Sie?

Bewusste Wahrnehmung schulen

Die Schulung der eigenen Wahrnehmung ist außerordentlich entscheidend, wenn Sie ein Künstler des Aufräumens werden wollen. Sie ist das A und O jeder Kunst. Wenn wir nicht bewusst wahrnehmen, sind wir auf unser Unterbewusstsein angewiesen, das uns dann die Arbeit abnimmt. So sind wir nur der Besitzer unseres Gehirns, das wir nicht selber nutzen.

Stellen Sie sich vor, Sie kommen auf die Idee, die wenigen Gläser in der Küche mal eben wegzuräumen – inwieweit verändert das Ihr eigenes Kunstwerk Wohnung? Denn oft sind es die kleinen Dinge, die uns unzufrieden werden lassen. Wenn wir uns aber bewusst machen, dass alles, was sich in einem Raum entweder befindet oder nicht, das Ergebnis beeinflusst, sind wir einen riesigen Schritt vorangekommen auf dem Weg zur wahren Kunst des Aufräumens. Es zeigt sich immer wieder, dass es auch diese eher unbewussten Kleinigkeiten sind, die auf unser Gefühl zu einer Sache eine große Wirkung haben – negativ wie positiv. Wir sind diesen vermeintlichen Nebensächlichkeiten ständig ausgeliefert, und unser Unterbewusstsein nimmt diese wahr. Dinge, Gegenstände, die an Plätzen stehen, wo sie eigentlich nicht hingehören, Mitbringsel, die wir im Grunde schon lang nicht mehr leiden können, all diese Sachen beeinträchtigen uns und unser Wohlbefinden. Deswegen geht es beim bewussten Wahrnehmen darum, wieder den Blick zu bekommen für das, was uns umgibt. Und genauso, wie Sie sich vorhin ganz bewusst mit Ihren Ideen und Wünschen beschäftigt haben, können Sie sich auch mit dem Ist-Zustand Ihres Raums ganz bewusst beschäftigen. Allein damit haben Sie schon ein großartiges Werkzeug, um etwas Wesentliches zu ändern.

Vorstellungen, Visionen, Träume sind wunderschön, befriedigen aber nicht auf Dauer. Bringen Sie das Kopfkino auf die Leinwand! Zerren Sie die Theorie in die Realität!

Wir alle gewöhnen uns immer wieder an Dinge und Zustände, auch nachdem wir Sie verändert haben. Diese Gewöhnung ist ein Feind neuerlichen Wandels, denn allzu Vertrautes ist uns in Fleisch und Blut übergegangen. Aus dieser unbewussten Routine, Stagnation, Trägheit, Passivität wieder auszubrechen bedeutet, Bewusstsein zu entwickeln, Alternativen zu überlegen und alte Handlungsweisen durch neue, die wir noch nicht geübt haben, zu ersetzen. Mit unserer Wahrnehmung als Grundvoraussetzung für Veränderung verhält es sich genauso. Für das fehlende Bewusstsein für den Zustand in unseren Räumen sind Messies ein gutes Beispiel. Diese Menschen leben in einem Chaos, das sie eigentlich gar nicht wollen. Bei ihnen ist das Phänomen der verschobenen Wahrnehmung besonders ausgeprägt. Betroffene perfektionieren den Tunnelblick und blenden alles andere aus. Sie nehmen ihr Chaos oft nicht mehr wahr. Aber man muss nicht gleich ein Messie sein oder einer werden, um der Macht der Gewohnheit zu unterliegen. Jedem von uns passiert das immer wieder.

Ein Künstler des Aufräumens ist in der Lage, seine Wahrnehmung einzustellen sowohl auf Gesamt- als auch auf Einzelbilder, und er fragt sich stets ganz bewusst, ob etwas so sein soll, wie es ist. Aber wie macht er das? Das Prinzip ist einfach: Gehen Sie durch Ihre Räume und beschreiben Sie laut, was Sie dort sehen. Gehen Sie dabei sorgfältig vor. Wenn Sie zu schnell oder ungenau sind, werden Sie das, was Sie bisher übersehen haben, auch weiterhin übersehen. Betreten Sie jeden einzelnen Raum so, als wären Sie ein Besucher, der dem Hausherrn ganz subjektiv sagen darf, was er sieht und wie er es findet. Sehen Sie sich jeden Gegenstand ganz bewusst an, nehmen Sie ihn in die Hand, sprechen Sie aus, was Sie sehen. Sie werden feststellen, dass Sie Dinge, Zustände, aber auch Gefühle wahrnehmen können, die Sie lange übersehen haben. Und wenn Sie direkt an die Arbeit gehen wollen, können Sie an die Wahrnehmung der Gegenstände sofort die Glücksfrage anschließen. Vielleicht fällen Sie sogar sofort Entscheidungen, was mit welchem Gegenstand geschehen soll? Wie auch immer Sie jetzt vorgehen werden, eine Sache ist enorm wichtig: Bewusstes Wahrnehmen will trainiert werden, was Sie eigentlich ständig tun können. Was auch immer Sie machen, Sie können es auch auf eine andere Art ausführen, als Sie es bisher getan haben. Legen Sie Ihre gewohnten Wege schlicht einmal auf der anderen Straßenseite zurück und überprüfen Sie, was sich alles anders anfühlt, was anders aussieht und wie sich die Geräusche verändern. Variieren Sie die Reihenfolge von Abläufen in Ihrem Leben und überprüfen Sie, was Sie nicht wie sonst wahrnehmen. Aber selbst wenn Sie etwas wie gehabt vornehmen, können Sie bei all Ihren Handlungen Bewusstsein einkehren lassen, indem Sie sich auf das, was gerade passiert, konzentrieren. Wie ist es eigentlich, sich die Schuhe zuzubinden? Wie genau schmeckt der morgendliche Kaffee? Was passiert bei Ihnen innerlich, wenn Sie sich ärgern? Wie verändert sich die Geräuschkulisse, wenn Sie beim Fernsehen zappen?

Sie sehen schon, es gibt in unserem Leben täglich unzählige Möglichkeiten, Bewusstsein zu trainieren. Wenn es Ihnen gelingt, eine Grundaufmerksamkeit für sich selbst, Ihre Umgebung, aber auch für Ihre Mitmenschen zu entwickeln, dann werden Sie neue Gestaltungsmöglichkeiten bekommen. Und in Ihren Räumen können Sie ganz bewusst mit Gestaltung, Ausdruck, Ordnung und Unordnung umgehen. Wie ein Künstler, der in seinem Genre ganz bewusst gestaltet, abbildet, kreiert und dirigiert – egal, ob Schauspieler, Musiker, Maler, Bildhauer oder Fußballregisseur, Koch und Illustrator.

«Wenn einer eine Reise tut, dann kann er was erleben!» ist ein altes Sprichwort, und auch heute findet der Satz bei meiner Arbeit als Wohnkosmetikerin absolute Gültigkeit. Auch Sie sind gereist – durch Erinnerungen, Vergangenes und ganz bestimmt auch durch die Zukunft («Werde ich das Teil morgen vermissen, wenn ich es heute entsorge?»). Emotionen sind hochgestiegen, Tränen vielleicht geflossen. Aber was machen Tränen? Sie befreien uns von angestautem Druck! Halten wir sie nicht zurück, genauso wenig wie die Dinge, die uns belasten.

Wie fühlen Sie sich jetzt? Müde und erschöpft? Gut! Sie haben auch gearbeitet! Sie haben geschaffen und geleistet. Wer etwas erledigt hat, darf sich auch erledigt fühlen. Spätestens am nächsten Morgen werden Sie bei neuen Kräften sein und sehen, welche Früchte am Baum Ihrer Arbeit gewachsen sind. Sie haben schließlich nicht nur Ihre Wohnsituation bewegt, Sie haben Ihre Energiefelder und damit Ihr Leben bewegt. Die alte Leinwand wurde wieder weiß gewaschen, wurde abgeschmirgelt, gereinigt. Bald können wir mit neuen Farben und Motiven beginnen. Wir? Sie beginnen, denn Sie allein sind der Künstler der Leinwand, sprich Ihrer Wohnung und Ihres Lebens. Sie haben es in der Hand – und Sie sollten den Anspruch haben, endlich glücklich und zufrieden zu wohnen beziehungsweise zu leben!

Einige von Ihnen werden den «Kick» bereits verspürt haben, von dem Raucher sprechen, wenn Sie sich von einem Augenblick auf den anderen entscheiden, mit dem Rauchen aufzuhören. Danach beginne ein neues Leben – gegen den blauen Dunst, gegen die Last der Laster. Und so geht es uns, wenn wir schädliche Dinge loslassen. Dinge, die uns nichts geben, sondern nur etwas rauben wie Kraft, Energie, Freude und Gesundheit. Allesamt unbezahlbare Güter!

Auch Ihr Leben beginnt neu – in Ordnung, mit viel Freude, Struktur und Übersicht, die von nun an dominieren werden. Lassen Sie Ihre ersten Schritte noch einmal auf sich wirken. In Kürze gilt es zu genießen und zu erfahren, was sich mit dem Wandel in Ihrem Zuhause noch alles wandelt beziehungsweise verändert. Denn Sie benötigen nicht zwingend ein großes Budget, um in/aus Ihrem Hause ein Kunstwerk zu machen.

Der Faktor Zeit

Zeit, der ewige Kampf um Stunden und Minuten. Stress ist der Begriff, den wir unzählige Male am Tag aus allen Ecken vernehmen. «Wir sind ja soo im Stress!» Ach wirklich? Ist er nicht eher Ergebnis schlechter

Organisation und falschen Zeitmanagements? Das Resultat aus der Unfähigkeit heraus, Prioritäten zu setzen und auch mal nein zu sagen? Manche Menschen fühlen sich bereits gestresst, wenn sie nur zwei Termine an einem Tag bewältigen müssen, andere wiederum laufen pro Tag zehn verschiedene Stationen ab, ohne ihre entspannte Haltung einzubüßen. Aufs Aufräumen bezogen bedeutet das: Wenn Sie nicht sofort die Dinge zurückräumen, wo sie hingehören, bilden diese einen Berg. Und darunter mieft dann das vor sich hin, was wir nicht mehr auf Anhieb finden. Und irgendwann scheint der Berg zu wachsen, die Arbeit damit unüberwindbar – welch ein Teufelskreis! Und die Mehrarbeit, die daraus resultiert, ist alles andere als Zeitersparnis. Sie ist wirklich Stress!

Sie haben nun bereits eine ganze Menge geleistet und eine Vielzahl von Anregungen erhalten. Sie allein wissen zu diesem Zeitpunkt, wo Sie stehen und was Sie noch brauchen. Eines aber ist klar: Ohne ausreichend Zeit werden Sie nicht weit kommen. Zeit ist für die meisten von uns ein knappes Gut – nicht etwa, weil wir sie nicht hätten, sondern weil wir sie uns nicht bewusst nehmen oder sehr häufig unbewusst verstreichen lassen. Nun gibt es aber niemanden auf der Welt, für den der Tag mehr oder weniger als 24 Stunden hat. Wir alle haben täglich exakt dieselbe Anzahl an Stunden, Minuten sowie Sekunden zur Verfügung. Wie bewusst wir letztlich mit unserer Zeit umgehen, hängt zu einem großen Teil von uns selbst ab. Selbstverständlich unterliegt jeder von uns bestimmten Sachzwängen, die dazu führen, dass wir nicht immer alles sofort das machen können, was wir wollen. Und die Frage ist nicht, wie wir an mehr Zeit kommen, sondern wie wir unsere Zeit bewusster wahrnehmen und nutzen, vielleicht auch ob wir das Zeitfenster, das wir für eine bestimmte Tätigkeit vorgesehen haben, ändern.

Druck entsteht in den allermeisten Fällen durch ein Zuwenig an Zeit. Wenn Sie beispielsweise in wenigen Wochen Millionär werden wollen, stehen Sie unter enormem Druck und laufen Gefahr, frustriert zu sein. Eventuell denken Sie sogar über Strategien nach wie zum Beispiel einen Bankraub, einen Lottogewinn oder das Knacken des Jackpots im Spielkasino, mit denen Sie Ihr Ziel erreichen wollen. Je näher also das Datum rückt, an dem Sie Ihr Vorhaben in die Tat umgesetzt haben wollen, desto stärker wird der Druck. Unabhängig davon haben Sie sicher schon gemerkt, dass die obigen Strategien nur mäßig geeignet sind. Sollten Sie also zu dem Schluss kommen, Ihr Zeitfenster vergrößern zu wollen, so nehmen Sie sich damit den Druck und können adäquatere Strategien zur Zielerreichung entwickeln. Um bei obigem Beispiel zu bleiben: Wenn Sie innerhalb der kommenden zwanzig Jahre Millionär sein möchten, haben Sie ausreichend Zeit, um beispielsweise ein nützliches Produkt zu entwickeln, das der Menschheit dient, dementsprechend gut verkäuflich ist und Sie reich machen kann. Sie sehen, Zeitfenster sind für Erfolg, Scheitern, Druck, Entspannung und die Entwicklung sinnvoller Strategien sehr wichtig.

Zeit ist ein unsagbar kostbares Gut. Verschwenden Sie sie nicht, teilen Sie sie sinnvoll ein!

Und dasselbe gilt auch für unser Thema: Natürlich setzen Sie an einem einzigen Tag nicht alles um, was Sie sich in Bezug auf Ihren Raum und Ihre Entwicklung zum Künstler des Aufräumens vorgenommen haben. Wieso sollten Sie aber auch Ihre Heldenreise an einem einzigen Tag machen? Wie viele Jahre haben Sie gebraucht, um sich Ihr Leben so einzurichten, dass Sie es für notwendig hielten, sich dieses Buch zu kaufen? Sie haben sich vermutlich ordentlich Zeit gelassen, Ihre Wohnung in ihren jetzigen Zustand zu versetzen und Gewohnheiten aufzubauen, die Sie unzufrieden werden ließen. Insofern besteht jetzt objektiv kein Druck, Dinge innerhalb eines knapp bemessenen Zeitfensters zu erledigen. Im Gegenteil, Sie haben jetzt eine gute Gelegenheit, sich selbst und Ihren Umgang mit Zeit ein bisschen besser kennenzulernen und künftig intelligenter mit Zeit umzugehen. Wie finden Sie nun aber einen Rhythmus, der zu Ihnen passt? Als kleine Übung schlagen wir Ihnen Folgendes vor: Nehmen Sie sich eine überschaubare Aufgabe vor und notieren Sie sich im Vorfeld, wie lang Sie ungefähr brauchen, um sie zu lösen. Dann erledigen Sie die Aufgabe und schauen, wie viel Zeit Sie tatsächlich gebraucht haben. Es gibt nur drei Möglichkeiten:

1. Sie lagen mit Ihrer Einschätzung richtig. In diesem Fall wiederholen Sie die Übung mit etwas anderem. Sollten Sie stets mit Ihrer Einschätzung in etwa richtigliegen, können Sie davon ausgehen, dass Sie sich Ihre Zeit sehr gut einteilen können.

2. Wurden Sie schneller fertig als erwartet, so gehören Sie zu den Menschen, die glauben, nie genug Zeit zu haben. Sie können nun nachjustieren, denn Sie haben erfahren, dass Sie weniger Zeit benötigen, als Sie denken. Das ist wichtig, damit Sie nicht in die gefühlte Spirale «ungelöste Aufgaben – zu wenig Zeit – Gefühl der Unzulänglichkeit – Resignation und Aufgabe» geraten.

3. Sollten Sie länger gebraucht haben, als Sie dachten, dann wissen Sie: Sie gehören zu den Menschen, die sich verzetteln, weil sie ihr Zeitkontingent als zu groß einschätzen. Nehmen Sie sich also weniger vor, damit Sie nicht in die erlebte Spirale «ungelöste Aufgaben – zu wenig Zeit – Gefühl der Unzulänglichkeit – Resignation und Aufgabe» geraten.

Diese Übung können Sie auf jede Tätigkeit anwenden. Sie werden feststellen, dass, je mehr Sie üben, Sie desto besser mit Ihrer Zeit umgehen können. Zudem werden Sie dadurch in die Lage versetzt, realistische Zeitlinien zu entwickeln. Wenn es zum Beispiel darum geht, einen Ihrer Räume in der Form zu erhalten, wie Sie ihn sich vorstellen, indem Sie ein Glas wegräumen, werden Sie wissen, ob Sie die Aufgabe sofort erledigen können oder ob Sie damit bis zu einem späteren Zeitpunkt warten und dementsprechend Ihr persönliches Kunstwerk Raum in einem veränderten Zustand belassen wollen. Sollte nun aber Ihr Raum einer Komplettauffrischung bedürfen inklusive Ausräumen, Renovierung, Einräumen etc., dann ist es wenig sinnvoll, dafür nur zwei Stunden einzuplanen. Vergrößern Sie das Zeitfenster für diese Aufgabe auf ein für Sie persönlich realistisches Maß, damit die oben erwähnte Frustrationsspirale Sie nicht erwischt.

Noch ein kleiner Zusatztipp: Geben Sie sich nur 20 Minuten, um etwas zu erledigen, wofür Sie eine Stunde Zeit haben. So sind Sie für den Ernstfall gerüstet, wenn es zu Störungen kommt, und werden dennoch Ihr Ziel erreichen. Zudem werden Sie so feststellen können, dass die meisten Dinge deutlich weniger Zeit in Anspruch nehmen, als wir denken.

Der Faktor Geld

Geld entscheidet bei vielen Menschen über Wohl und Weh. Aber für ein schönes Zuhause, für Ihr Zuhause, ist nicht die Jagd nach immer neuen und kostspieligen Wohntrends wichtig. Wichtig und entscheidend allein ist die Atmosphäre, der Wohlfühlfaktor, der entsteht. Sie müssen niemandem mit einer exklusiven Hülle imponieren! Sie müssen nicht mit anderen mithalten, für die Wohnaccessoires eher Statussymbole sind.

> **Möbel, Gegenstände nutzen sich ab, Erinnerungen nicht. Accessoires sind der Schmuck Ihrer Wohnung, der zu Ihnen passen und Sie erfreuen sollte.**

Ich habe in den modernsten Wohnungen gestanden, wobei ich einige von ihnen als «kalt» empfunden habe. Sosehr mich der ganz offensichtlich kostenintensive Wunsch nach Perfektion auch fasziniert hat, während mein Blick durch die gestylten Räume streifte, so wenig faszinierend war der Gedanke, länger dort zu verweilen. Hingegen empfand ich die schon eher bescheidenen, gar spartanisch eingerichteten und weniger «trendigen» Wohnungen als gemütlich und «beseelt». Kennen nicht wir alle den Unterschied zwischen «bleiben wollen» und «aushalten müssen», wenn wir Privaträume, Geschäfte, Büros und Praxen betreten? Atmosphäre bestimmt den Kälte- beziehungsweise Wärmegrad von Räumen. Ähnlich geht es uns mit Menschen, die auf Wohnungen wirken und umgekehrt.

Geld, darauf hat man sich in unserer Gesellschaft geeinigt, ist, vereinfacht gesagt, gespeicherte Arbeitskraft. Alles, was man nicht selber tun kann oder möchte, kann von anderen ausgeführt werden. Umgekehrt stellen Sie Ihre Arbeitskraft zur Verfügung, wofür Sie bezahlt werden. Dieses Geld hat jemand anders zuvor für eine Leistung bekommen. So lässt sich auf extrem simple Art unser Wirtschaftssystem beschreiben; vor dem Ausgeben steht also das Erwirtschaften. Wenn man diese einfache Wahrheit kennt, kann man entspannt seinen Möglichkeiten entsprechend agieren. Soll heißen: Hat man im Vorfeld nicht genug erwirtschaftet, sucht man entweder nach weiteren Verdienstmöglichkeiten, oder man gibt sich mit dem zufrieden, was da ist. Unabhängig davon, wie man sich in solch einer Situation entscheidet, kann man für sich herausfinden, was für einen selbst das Beste ist, insofern man sich dieser Möglichkeiten bewusst ist. Sie fragen sich jetzt vielleicht, was das denn mit der Kunst des Aufräumens zu tun hat. Schließlich haben Sie dieses Buch ja nicht gekauft, um sich über unser Wirtschaftssystem auf Grundschulniveau belehren zu lassen. Ganz richtig. Hintergrund dieses kleinen Exkurses ist die Tatsache, dass Menschen oft zum einen ihre Möglichkeiten beziehungsweise die Umsetzung ihrer Ideen an das Vorhandensein von Geld koppeln. Zum anderen, und hier wird es hinderlich, begründen sie ihre Passivität mit einem Mangel an Geld: «Ich kann ja nicht, weil ich kein Geld habe», hört man dann. Oder auch: «Wenn ich bloß Geld hätte, dann ...» Ein Künstler des Aufräumens denkt anders. Er weiß, dass Geld nützlich ist, um Ideen umzusetzen, diese aber nicht ersetzen kann. Er weiß auch, dass ein Mangel an Geld kein Grund für einen Mangel an Initiative ist. Deswegen hat ein Künstler des Aufräumens die Fähigkeit entwickelt, mit dem, was da ist, seine Kunst auszuüben. Braucht ein Künstler des Aufräumens den neusten Turbostaubsauger, um den Boden sauber zu halten? Natürlich nicht! Handfeger und Schaufel reichen ihm, wobei er sich dessen bewusst ist, dass der Turbostaubsauger seine Arbeit erleichtern würde. Dementsprechend kann er sich gemäß oben geschilderten wirtschaftlichen Zusammenhängen überlegen, was er tun kann, um Geld zu erwirtschaften, damit der Turbostaubsauger ihm irgendwann die Arbeit erleichtert.

Lassen Sie uns einmal kurz überlegen, inwieweit die Künstler, die wir bisher nicht näher benannt haben, Geld benötigen, um zu wahren Meistern ihres Fachs zu werden. Ein genialer Komponist braucht ein Blatt Papier und einen Bleistift, um eine Melodie zu notieren. Viele der von Fans verehrten genialen Fußballspieler haben als Kind barfuß gekickt. Geniale Maler und Zeichner können Ausdruck und Kraft mit einem Minimum an Aufwand besser darstellen als unbegabte Kollegen mit allem Vor und Zurück. Mit anderen Worten: Geld wird Ihnen nicht helfen, solange Sie keine eigenen Ideen haben, Ihre Wahrnehmung nicht schulen und mit Zeit nicht gut umgehen können. Aber – und das ist unbestritten – wenn Sie all diese Voraussetzungen erfüllen, wird Geld Ihnen die Ausübung Ihrer Kunst natürlich erleichtern.

Andererseits nehmen manche Menschen viel Geld in die Hand, wenn ihnen Ideen fehlen. Der Mangel daran wird dann damit kompensiert, indem sie Wohntrends konsequent folgen, sprich ein ganzes Sortiment gekauft wird. Dies wirkt dann wie eine Kopie, wie ein aus einem Möbelkatalog entsprungenes Komplettarrangement, geklaut. Und nun? Individualität ist das, was fehlt. Wo ist die persönliche Note, das «Eigene», Besondere? Anstatt eine komplette Katalogseite abzubilden, können Sie auch unterschiedliche Vorschläge, die Sie entdecken und die Ihnen gefallen, zusammenwürfeln. Kreieren Sie Ihr eigenes Potpourri, wenn Sie nicht kreativ genug sind. Tipps und Anregungen entdecken Sie bei Streifzügen durch virtuelle Interieur-Plattformen, tauschen Sie sich in Wohn-Foren aus, es macht Spaß und kostet nur ein wenig (Frei-)Zeit.

Warum wir Ihnen all das erzählen? Weil es in unserer Gesellschaft sehr viele Menschen gibt, die einen Mangel an Geld als Entschuldigung für Untätigkeit nehmen. Sie sehen sich als Opfer irgendwelcher Umstände und tun im Weiteren auch alles, um sich selbst und andere darin zu bestätigen. Lassen Sie sich nicht weismachen, ohne Geld gehe nichts. Legen Sie mal einen Haufen Geld in Ihre Wohnung und beobachten Sie, wie er Ihre Räume für Sie gestaltet – Sie werden vermutlich, wenn Sie es überhaupt versucht haben, nach wenigen Minuten erkennen, dass Geld selbst überhaupt nichts kann. Das Speichern von Arbeitsleistung ausgenommen. Ohne Sie und Ihre Ideen, Ihre Phantasie, Ihren Blick für Vorhandenes sowie Ihre Fähigkeit der bewussten Wahrnehmung wird Ihnen alles Geld der Welt wenig nutzen. Damit soll nicht gesagt sein, dass Sie fürderhin geldlos glücklich sein müssen, im Gegenteil. Geld erleichtert einiges ungemein. Aber es ersetzt nicht Ihre persönlichen Fähigkeiten. Ein Mangel an Geld kann der Grund dafür sein, dass Sie Ihre Wunschcouch nicht kaufen können, aber es ist keine Entschuldigung dafür, dass Sie mit dem Vorhandenen Ihre Kunst nicht ausüben. Spielen Sie barfuß Fußball, wenn kein Geld für Fußballschuhe da ist. Nutzen Sie ein altes Blatt Papier und einen Bleistiftstummel, um Ihre Melodie aufzuschreiben. Das übt ungemein und garantiert, dass Sie Geld, wenn es denn einmal da ist, ganz im Sinne Ihrer Kunst einsetzen können. Denn wie man wahrnimmt und gestaltet, haben Sie ohne Geld geübt und können es gut.

Noch ein abschließender Tipp: Oftmals führen Aufräumen und Neugestaltung sogar zu Geld, denn Sie werden das eine oder andere entdecken, bei dessen näherer Betrachtung Sie sich entscheiden, es auszumisten. Diese Dinge können Sie über Internetplattformen oder Flohmärkte in Bares umwandeln. Und so brauchen Sie für Ihre Kunst kein Geld, sondern verdienen es durch diese.

Denken Sie immer daran – weniger kann mehr sein. Zudem bereichert schon der Mensch per se einen Raum! Und fehlt noch das Geld für den neuen Kronleuchter, geben Sie sich nicht mit einem billigen Provisorium zufrieden. Dann hängt die Glühbirne eben noch eine Weile nackt von der Decke, und? Rom wurde auch nicht an einem Tag erbaut, lassen Sie sich also Zeit. Eine Wohnung einzurichten kann nämlich zur Lebensaufgabe werden oder zu einem neuen Hobby. Jeden Tag ein Stückchen mehr – mal hier, mal dort etwas Neues entdecken, Altes loslassen, etwas bemalen, etwas umstellen. Unser Zuhause wächst Stück für Stück, es lebt – und wir leben mit und in ihm! Ihr Zuhause ist allein Ihr Kunstwerk, das Ergebnis Ihrer Visionen und Umsetzungen! Präsentieren Sie es sich und Ihren Gästen, wie es Ihnen gefällt. Und tun Sie es mit Liebe und Leidenschaft, so wie Sie alles im Leben tun sollten. Vor allen Dingen sollten Sie sich immer mit individuellen Akzenten von anderen unterscheiden – dann wirkt auch der aktuelle Wohntrend gleich ganz anders.

Große Ideen für kleines Geld

- Werfen Sie das Negativ eines Wandtattoos nicht weg. Kleben Sie es auf die gewünschte Fläche, zeichnen Sie die Konturen nach und ziehen Sie die Folie wieder ab und malen Sie den Umriss aus.
- Nutzen Sie die Innenseite von Schranktüren, indem Sie sie mit Whiteboardfolie bekleben (Schreibwarenhandel). Notieren und löschen Sie mit speziellen Stiften drauflos! Alternative: Tafelklebefolie, dazu bunte Kreidestifte und ein Schwämmchen.
- Haben Sie ein altes CD-Regal aus Holz übrig? Wenn Ihr Bad einen Fliesenvorsprung (Ablage) hat, können Sie es dort aufstellen.

- Eigene Deko aus Salzteig (1 TL Mehl, 1 TL Salz, 10 EL Wasser) herstellen: diesen formen, vor dem Brennen mit Milch bestreichen, anschließend lasieren beziehungsweise bunt lackieren.
- Warum nicht statt einer Gardinenstange aus Messing mal einen dicken Ast verwenden? Dieser trägt zum Landhaus-Stil bei.
- Drehen Sie einen Perserteppich einfach mal um, dann wirkt er wie ein pastellfarbener gemusterter Sisalteppich.
- Alte Obstkisten zur Aufbewahrung statt einer Etagere an der Wand anbringen. Evtl. mit schönen Stoffen den Boden bedecken.
- Verschönern Sie ein schlichtes Bett, indem Sie eine Spanplatte in der Breite des Betts mit Stoff beziehen (gern noch Wolle zwischen Stoff und Platte kleben, Nieten in regelmäßigen Abständen in den Stoff tackern). Der Höhe Ihres neuen Kopfteils sind dabei keine Grenzen gesetzt.
- Ihre Balkon- oder Loggiawände sind aus grauem Beton? Verzieren Sie die Wände mit Wandtattoos, zum Beispiel mit schwarzen Blumen.
- Werfen Sie Ihre bunten, ausrangierten Handtücher nicht weg, Sie können daraus kleine Kissen oder Puppentaschen grob von Hand nähen.
- Wandverkleidung schnell gemacht mit einer Heißluftpistole und Bambus-Rollos. Den Roll-Mechanismus entfernen, die Enden verkleben, die Fäden abschneiden und an die Wand kleben oder nageln. Ein Bambus-Rollo eignet sich auch als Raumteiler.
- Alter Fernseher? Wie wäre es mit einem peppigen Anstrich mit Acrylfarbe? Achtung: Lüftung und Lautsprecher aussparen!
- Weihnachtsbäume sind teuer, und wer über die Jahre hinweg keinen Baumschmuck gesammelt hat, kann es sich einfach machen: Schokoladenkugeln in den Baum hängen und diese nach Weihnachten verzehren!
- Als Beistelltisch kann eine alte Waschmaschinentrommel dienen. Zwei Bretter im Baumarkt als Abdeckung zuschneiden lassen, zum variablen Verschieben kleine Rollen an einer Seite anbringen.

- Als Tischchen eine alte Holzpalette, die zunächst abgeschmirgelt und dann mit Holzlack bepinselt wird. Ebenfalls Rollen anbringen.
- Sie haben vom Umbau noch «Flachkanalstücke» übrig? In Stücke unterschiedlicher Länge zersägen, Trockenblumen einstecken, fertig ist die Designer-Vase!
- Zu Weihnachten Äste aus dem Wald holen, Tannenzapfen mit Bindfäden anbringen und alles in gewünschter Farbe, vielleicht Weiß, besprühen.
- Dachziegel durchbohren und dahinter Kerzenständer anbringen
- Bringen Sie Natur ins Haus: Sammeln Sie lange Äste und Zweige, die Sie in hohe Vasen stellen.
- Veredeln Sie einen Schrank aus Großmutters Zeiten. Lackieren Sie ihn neu und kleben Sie Styropor-Rosetten auf die Türen.

Der Wert von Dingen ist relativ

Dinge haben keinen objektiven Wert. Er wird einer Sache oder einem Zustand individuell oder auch kollektiv beigemessen. So wäre zum Beispiel unser Papiergeld für jemanden, der aus einem Kulturkreis kommt, in dem Tauschen das Mittel der Wahl ist, wertlos. Ebenso ist Gold nur deswegen teuer, weil man sich weltweit darauf geeinigt hat, dass Gold ein wertvolles Metall ist. Stellen Sie sich einmal vor, niemand würde mehr Gold kaufen wollen. Dessen Preis würde ins Bodenlose fallen, und Ihre ganzen schönen, über die Jahre angehäuften Goldbarren wären auf einmal wertlos. Ein Wert, vielmehr seine Höhe, wird aber nicht nur durch Vereinbarungen bestimmt, wie es bei Währungen der Fall ist, sondern hängt auch davon ab, ob das, worauf er sich bezieht, nicht ausreichend oder im Überfluss vorhanden ist. In der Natur lässt sich dieses Phänomen gut beobachten: Für einen satten, vollgefressenen Löwen hat eine in seiner Nähe grasende Gazelle überhaupt keinen Reiz, ist für ihn sozusagen wertlos. Der

Löwe wird ihr höchstens gelangweilt hinterhergucken, wenn überhaupt. Wenn der Löwe aber schrecklichen Hunger hat, gewinnt diese Nahrungsquelle in unmittelbarer Nähe sofort an Bedeutung, dann ist die Gazelle plötzlich von ganz anderer Wertigkeit für den Löwen. Warum wir Ihnen das erzählen? Weil es für Sie beim Aufräumen zu Situationen kommen kann, in denen Sie mit Hilfe der Glücksfrage über Loslassen oder Festhalten entscheiden. Und in diesen Momenten spielt uns oft die vermeintliche Wertigkeit von Gegenständen einen Streich. Wir haben entweder einmal viel Geld für etwas bezahlt oder aber finden, dass der einfache Weg des Wegwerfens für besagten Gegenstand nicht geeignet ist, weil er doch noch einen Wert hat oder haben könnte.

Hierbei handelt es sich dann um die Wertigkeitsfalle, wenn wir uns fürs Festhalten entscheiden. Dieses Denken in Wertigkeiten, aus welchen Gründen auch immer, geht darauf zurück, dass wir eventuell den Gegenstand selbst mit unserer Idee von Wertigkeit verwechseln und ihn behalten, anstatt ihn auf eine Weise zu entsorgen, die unserer Absicht hinter der Absicht gerecht wird. Um ihren Wert für uns zu erhalten, müssen wir eine Sache nicht aufheben. Wir müssen sie auf eine Art und Weise loswerden, die unserer Idee Rechnung trägt. Wir können Gegenstände auf dem Flohmarkt, in einer Internetplattform oder einem Secondhandladen verkaufen. Wir können sie an Wohltätigkeitsorganisationen spenden oder Oxfam geben. Oder wir können sie in Tauschbörsen, beispielsweise im Internet, anbieten. Und nicht zuletzt können wir Gegenstände an Freunde, Bekannte oder Bedürftige verschenken.

Wenn Sie also Ideen dieser Art, die ja nicht neu sind, reizvoll finden, können Sie im Internet sehr einfach recherchieren, welche Möglichkeiten Sie haben, indem Sie die oben beschriebenen Alternativen in eine Suchmaschine eingeben. Dafür brauchen Sie unser Buch nicht. Und auf die Idee, alte Gegenstände auf einem Flohmarkt zu verkaufen, wären Sie auch ohne unser Buch gekommen. Aber mit dem, was Sie bis jetzt gelesen haben, ist die Wertigkeitsfalle noch nicht vollständig ausgelotet und beschrieben. Sie klappt nämlich vor allem dann zu – und hält Sie sehr tückisch gefangen –, wenn Sie allein Ihre eigenen Kriterien von Wertigkeit als Maßstab nehmen und vergessen, dass es beim Weggeben auch immer eine andere Seite gibt, nämlich die, die nimmt. Das heißt, entscheidend ist nicht nur der Wert, den wir selbst etwas beimessen, sondern ebenso wichtig ist der Wert, den andere einer Sache beimessen. Ist also das, was wir gern loswerden wollen, in absolutem Überfluss vorhanden, dann werden wir es vermutlich noch nicht einmal verschenken können. Angebot und Nachfrage sind ebenfalls eines dieser Begriffspärchen, die einen Gegensatz bilden. Gibt es keinen Bedarf an grünen Sitzgarnituren, wird Ihnen niemand Ihre alte grüne Sitzgarnitur abnehmen, egal, wie gut sie erhalten ist. Es bleibt der Weg zum Sperrmüll. Wir sollten das akzeptieren, denn nur so umschiffen wir elegant die Wertigkeitsfalle. Wenn Sie also zu den Menschen gehören, die Dinge ungern wegwerfen, um ihren Wert zu erhalten, dann überlegen Sie sich für jeden Gegenstand, den Sie nicht mehr haben möchten, eine werterhaltende Entsorgungsmöglichkeit. Legen Sie einen Zeitrahmen fest, in dem Sie sich darüber klar werden wollen, ob Sie ihn wirklich brauchen, und setzen Sie sich eine Frist, bis wann Sie ohne schlechtes Gewissen, dafür aber mit Freude, den Gegenstand ausmisten. Und seien Sie nicht enttäuscht, wenn niemand Ihre abgelegten Dinge haben möchte. Es könnte sein, dass der Löwe gerade nur unglaublich vollgefressen und satt ist.

> **Ein stolzer Preis macht etwas weder schöner, attraktiver noch begehrens- und erstrebenswerter.**

An dieser Stelle ist es wichtig, sich die Rolle des Preises noch einmal bewusst zu machen. Macht ein hoher Preis einen Gegenstand wertvoll? Wert = Preis? Nein! Das teuerste Mobiliar bereitet uns zwar Kopfzerbrechen, wenn wir daran denken, es auszumisten, doch ich wiederhole gern: Sie sind es, der den größten Wert in Ihrer Wohnung aufweist. Ihr Wohlbefinden steht über allem. Machen Sie ein Schnäppchen auf dem Flohmarkt oder ersteigern Sie für kleines Geld eine große, ursprünglich hochpreisige Anschaffung – ihr Wert ist für Sie persönlich unermesslich, weil sie Ihnen gefällt. Analog dazu kann der vermeintliche Wert eines kostenintensiven Zukaufs verblassen, wenn Sie zu Hause spüren, dass er sich nicht «gut» anfühlt, sobald er in Ihrer Wohnung steht und sich schlecht integrieren lässt. Um welchen Preis möchten Sie noch an ihm festhalten? Verkaufen oder tauschen Sie ihn wieder ein.

Und täglich grüßt das Murmeltier – Das Fällen von Entscheidungen

Als Künstler des Aufräumens werden Sie nicht darum herumkommen, Entscheidungen zu treffen. Wie wir gesehen haben, ist dies in sehr unterschiedlichen Zusammenhängen erforderlich wie etwa im Hinblick auf Zeit («Mache ich es jetzt oder später?»), auf Loslassen/Festhalten («Behalte ich es, oder gebe ich es weg?»), bezüglich der Methode («Mülltonne oder Flohmarkt?»), des Werts («Wie viel und wie lange wird es mir wert sein, und ab wann ist es mir weniger oder mehr wert?») und natürlich bei der grundsätzlichen Frage, ob ja oder nein. Mit Letzterer sind wir tagtäglich unzählige Male konfrontiert, ohne es überhaupt zu merken. Nun gibt es Menschen, denen Entscheidungen grundsätzlich leichtzufallen scheinen. Wenn Sie zu diesen Menschen gehören, haben Sie bereits ein sehr nützliches Werkzeug für die Kunst des Aufräumens parat. Zählen Sie aber nicht zu denjenigen, dann lassen Sie uns gemeinsam kurz entdecken, wie Sie künftig anders als bisher handeln können, wenn es um Entscheidungen geht. In der Regel treffen wir täglich Tausende Entschlüsse, ohne dass es uns bewusst ist. Wir sind darin so gut geübt, dass wir es wie viele andere Dinge auch automatisch tun. Allein die Frage der persönlichen Fortbewegungsart haben wir für uns entschieden. Gemeint ist damit nicht die Frage, ob wir den Bus oder den Hubschrauber nehmen, sondern ob wir aufrecht gehen wollen oder krabbeln. Schauen Sie sich kleine Kinder an – jenen stellt sich tatsächlich noch oft das Problem, das entschieden werden will. Uns hingegen nicht, wir haben bereits eine Wahl getroffen. Ebenso haben wir uns dazu entschlossen, zu bestimmten Zeiten unsere Zähne zu putzen. Auch hier können wir bei Kindern beobachten, dass dem ein ständiger Entscheidungsprozess vorausgeht, einhergehend mit Fragen wie: «Wenn ich mich dem widersetze, wie kann ich es vor den Eltern vertuschen?» Auch das morgendliche Aufstehen stellen wir grundsätzlich nicht infrage, wobei sich einige von uns manchmal dafür entscheiden, «nur noch fünf Minuten» liegen zu bleiben. Ebenso beschließen wir täglich, Nahrung zu uns zu nehmen. Einige von uns brauchen zwar etwas länger für die Beantwortung der Frage des Was, aber das «Dass» steht kaum zur Debatte. Zudem machen wir bei kaltem Wetter unsere Jacke zu, binden vor dem Losgehen die Schnürsenkel, schauen an der Haustür in den Briefkasten – allen Handlungen liegen Entscheidungen zugrunde. Und solange wir gesund sind, nicht durch eine Erkrankung beeinträchtigt, sind wir alle fähig, ständig Entscheidungen zu treffen. Diese laufen meist unbewusst wie ein Programm (siehe aufrechtes Gehen) ab, wir denken nicht mehr darüber nach, sind geübt, also können wir. Und selbst wenn Sie glauben, Entscheidungen zu treffen falle Ihnen schwer, so tun Sie es doch ständig unbewusst. Sie können es also grundsätzlich. Allerdings liegt die Vermutung nahe, dass, wenn Sie annehmen, Entschlüsse zu fassen falle Ihnen schwer, Sie gewisse Probleme mit bestimmten bewussten Entscheidungen haben. Ich nehme an, dass nur ein Teil dieser Ihnen Probleme bereitet, nämlich jene, deren Natur Ihnen vermutlich mehr oder weniger bekannt ist. So geraten zum Beispiel manche Menschen in Schwierigkeiten, wenn auf einer Speisekarte mehr als drei Gerichte stehen. Sie können sich schlicht nicht entscheiden, welches sie auswählen sollen. Das bedeutet nicht, dass diese Menschen grundsätzlich keine Entscheidungen treffen können, sie geraten aber eben an dieser Stelle in Schwierigkeiten.

■ **Erst eine Entscheidung setzt Ihren Weg in Gang.**

Wie ist das nun bei einem Künstler des Aufräumens? Hat dieser denn gar kein Problem mit seiner Entschlussfreude? Doch, hat er. Aber er ist sich dessen bewusst, nimmt sich selbst ernst, aber nicht das Problem, und kennt Strategien, um zu Entscheidungen zu kommen. Und er kennt auch die Ursachen. Mit anderen Worten: Er kann bewusst mit sich und diesem Thema umgehen. Wie aber macht er das?

Um es ihm gleichzutun, sollte man wissen, warum man glaubt, sich nicht entscheiden zu können. Die einfache Antwort lautet: Man hat Angst davor, das Falsche zu tun. Diese Angst steckt in uns allen und ist sehr hilfreich, wenn es darum geht, uns vor Gefahren zu schützen. Stellen Sie sich einmal vor, wir wären Urzeitmenschen auf der Jagd und würden auf dem Pfad, dem wir gerade folgen, bestimmte Spuren sehen, die auf ein gefährliches Tier hindeuten. In just diesen Momenten zahlt es sich gegebenenfalls aus, der Angst zu folgen und etwas nicht zu tun, nämlich dem Weg weiter zu folgen. Denn am Ende könnte etwas lauern, das uns fressen will. Wir lassen also aus Angst, unser Leben zu verlieren, von unserem Vorhaben ab. Es waren unsere Vorfahren, die damals lernten, Angst als nützliches Werkzeug zum Überleben wahrzunehmen. Und diese Angst ist nach wie vor Teil von uns. Da es aber nur noch selten um das nackte Überleben geht, macht sie sich in anderen Bereichen bemerkbar und behindert uns. Wenn wir also vor der Speisekarte sitzen und uns nicht für ein Gericht entscheiden können, spielt die Angst, etwas Falsches zu tun, uns einen Streich und beeinträchtigt uns bei unserem eigentlichen Vorhaben, etwas Leckeres zu essen. Und genau so geht es Menschen, die sich für Veränderung entschieden haben. Wandel beinhaltet das, was uns am Ende des Wegs auf der Jagd begegnet wäre – etwas Unbekanntes.

Wir wissen nicht, wie wir uns fühlen werden nach der Veränderung. Deswegen glauben Menschen, die vergessen haben, dass sie täglich unbewusst Entscheidungen treffen, in bestimmten Momenten, nicht entscheiden zu können. Doch jetzt kommt der Clou der ganzen Geschichte: Diese Menschen irren, denn wir können uns nicht nicht entscheiden. Wir treffen immer eine Wahl. Das Ergebnis ist entweder ein Ja oder ein Nein, machen oder bleiben lassen, gehen oder nicht gehen, behalten oder weggeben – egal, was wir tun oder nicht tun, der Handlung liegt eine Entscheidung zugrunde. Wer im Restaurant nicht weiß, was er bestellen soll, macht trotzdem etwas. Entweder isst er nichts, er macht einen Abzählreim, er lässt jemand anders entscheiden, er verlässt das Restaurant – was auch immer er tut, er entscheidet sich für eine Handlung. Wer glaubt, dass der Umzug in eine andere Stadt mit Risiken verbunden ist, tut nicht nichts, sondern bleibt in der Stadt, in der er bisher gewohnt hat. Wer sich dagegen entscheidet, zu einem Konzert zu gehen, macht nicht nichts, sondern stattdessen etwas anderes (zu Hause bleiben, schlafen, sich ärgern, eine andere Veranstaltung aufsuchen oder was auch immer). Und auch der Urzeitmensch fällt nach der Entscheidung, die Spur ernst zu nehmen und lieber nicht weiterzugehen, keinesfalls tot um, sondern tut etwas anderes, nämlich umkehren. Er sucht einen anderen Weg, sammelt lieber Beeren, anstatt Bären zu jagen – was auch immer, er entscheidet sich für eine Alternative.

Und so ist es bei jeder Veränderung. Wenn Sie zu den Menschen gehören, die Schwierigkeiten haben, sich von Kleidung zu trennen, obwohl Ihr Kleiderschrank aus allen Nähten platzt, liegt das schlicht an der Angst, etwas Falsches zu tun und es hinterher zu bereuen, mithin ein schlechtes Gefühl zu bekommen, sich vielleicht zu ärgern oder traurig zu sein. Und im übertragenen Sinn sichern Sie so Ihr Überleben wie der Urzeitmensch auf der Jagd, denn schlechte Gefühle behindern uns im Vorankommen ebenso wie gefährliche Tiere, die uns fressen wollen. Indem Sie sich also für ein Kleidungsstück entscheiden, sichern Sie sich ab gegen negative Gefühle. Insofern spricht im Prinzip nichts gegen das Behalten dieses Kleidungsstücks, es sei denn, Sie wollen eigentlich lieber mehr Platz im Kleiderschrank haben. Wenn Sie diesen nun schon einmal ausgemistet haben sollten, haben Sie eine Referenzerfahrung und ziehen aus dem bereits Erlebten Schlüsse für die Zukunft. Das machen wir übrigens immer, wenn wir versuchen, die Folgen einer Handlung abzuschätzen. Und wir haben immer eine Chance von 50 Prozent, dass wir richtig liegen. Wenn Sie also in der Vergangenheit ein Kleidungsstück aussortiert und es hinterher bereut haben, werden Sie diese Erfahrung verallgemeinern und künftig Dinge eher behalten – es sei denn, Sie machen sich bewusst, dass jede Entscheidung dieser Art in der Zukunft entweder ein gutes oder ein schlechtes Gefühl hinterlässt. Sie haben immer eine Chance von mindestens 50 Prozent auf Erfolg, solange Sie noch ungeübt in einer Sache sind. Wie Sie sich entscheiden, hängt davon ab, ob Ihre unbewusste Angst als lebensrettende Maßnahme siegt oder Ihr Mut, einen Vorteil aus der Veränderung zu ziehen.

■ Love it, change it or leave it.

Wenn wir also lernen wollen, Entscheidungen in unserem Sinn zu treffen, ist es unerlässlich, dass wir uns mit unseren Werten und den Chancen, die jede Veränderung mit sich bringt, beschäftigen, wobei die Vorteile des alten Zustands bestehen bleiben sollen. Sie haben diesbezüglich schon einiges in den Kapiteln über Festhalten und Loslassen gelesen. Um die Sache zu verdeutlichen, lassen Sie uns ein ganz einfaches Beispiel nehmen, das Sie auf nahezu jede anstehende Entscheidung übertragen können:

Stellen Sie sich vor, Sie stehen vor Ihrem überbordenden Kleiderschrank und denken darüber nach, eine bestimmte Hose zu entsorgen. Sie fragen sich, ob diese Sie glücklich macht, und stellen fest, dass dem nicht so ist. Es stellt sich Angst wie die vor dem gefährlichen Tier auf der Jagd ein, und Sie fürchten, die Hose nach ihrer Entsorgung zu vermissen. Genau an diesem Punkt haben Sie die Möglichkeit, das Kleidungsstück zu behalten, um die Begegnung mit der Gefahr «schlechtes Gefühl» zu verhindern. Sie können sich aber stattdessen überlegen, was das Gefühl des Vermissens hervorrufen könnte. Wenn es nicht direkt mit der Hose zusammenhängt, sondern mit den Erinnerungen an schöne Momente, in denen Sie diese trugen, können Sie nun darüber nachdenken, wie Sie sich diese Erinnerungen ohne die Hose bewahren können. Wenn Sie aber die Hose vermissen sollten, weil es Ihre einzige warme Hose ist, können Sie überlegen, wie Sie künftig ohne sie nicht frieren. Wenn Sie meinen, dass die Hose zu schade zum Wegwerfen ist, können Sie überlegen, auf welche Weise Sie sie verwenden können, sodass sie Ihrer Vorstellung von Werterhaltung gerecht wird. All das haben Sie in den vorangegangenen Kapiteln bereits kennengelernt. Und so können Sie mit all dem verfahren, was Sie mit dieser Hose verbinden. Am Ende wird eine Entscheidung stehen, bei der Ihre Motivationen deutlich stärker berücksichtigt werden als beim unbewussten Nachgeben aufgrund der diffusen Angst, etwas Falsches zu tun. Außerdem können Sie so Ihren negativen Referenzerfahrungen aus der Vergangenheit neue, positive Erfahrungen gegenüberstellen. Je öfter Sie das tun, desto gefestigter und fundierter werden Sie auf Ihre Erfahrungen in der Vergangenheit zurückgreifen, und Sie werden künftig routinierter bezüglich Ihrer Kunst des Aufräumens entscheiden.

Auch wenn sich das Wegwerfen eines Gegenstands als Fehlentscheidung entpuppt – stehen Sie dazu, haben Sie die Größe, Ihren Irrtum einzugestehen.

Übrigens: Wenn Sie, um bei unserem Beispiel zu bleiben, bereits ein Kleidungsstück aus Ihrem Schrank entsorgt haben und in der Folge ein gutes Gefühl hatten, sollten Sie diese Erfahrung als Maßstab nehmen. Auch diese ist eine Referenz, aber eine positive. «Verallgemeinern» Sie sie und sortieren Sie fleißig aus, so üben Sie automatisch Ihr neues Verhalten. Sie sind auf dem besten Weg, das Werkzeug, bewusst Entscheidungen zu treffen, zu verinnerlichen, Sie sind künftig einer der Menschen, denen Entscheidungen leichtfallen. Und berücksichtigen Sie alles zum Thema Loslassen und Festhalten, so minimieren Sie stetig die Gefahr negativer Folgen.

Ein Tipp: Sollten wir einmal feststellen, dass wir uns geirrt haben und die Entscheidung loszulassen falsch war – das meiste, was uns nicht glücklich macht, können wir uns wieder besorgen!

Das schlechte Gewissen

Das schlechte Gewissen bei einer Handlung, egal welcher, ist der kleine Bruder der Angst vor einer falschen Entscheidung. Meist steckt auch dahinter etwas anderes. Stellt sich zum Beispiel bei dem Gedanken, einen Gegenstand zu entsorgen, schlechtes Gewissen ein, muss man als Künstler des Aufräumens dieses hinterfragen. Folgende Fragen können dabei nützlich und hilfreich sein:

Was genau ruft das schlechte Gewissen in mir hervor?
Hat das Unbehagen, das mir das schlechte Gewissen bereitet, mit meinen eigenen Werten zu tun – oder mit äußeren Einflüssen?
Wenn es auf meinen eigenen Werten basiert: Wie kann ich ihnen gerecht werden und doch den Gegenstand entsorgen (siehe das Mitbringsel von Tante Uschi aus den Kapiteln über Loslassen und Festhalten)?
Inwieweit möchte ich bewusst die Werte anderer übernehmen, wenn mein schlechtes Gewissen auf ihnen beruht?
Entscheide ich mich, die Werte anderer zu übernehmen, wie kann ich diesen gerecht werden und den Gegenstand dennoch entsorgen?

Was würde ich jemandem empfehlen, der das gleiche Problem hat wie ich?

Ein Tipp: Nehmen Sie sich und Ihr schlechtes Gewissen ernst, es steckt etwas Wichtiges dahinter, denn sonst hätten Sie es nicht. Ein schlechtes Gewissen lässt oft auf einen Wertekonflikt schließen. Auch wenn es für Sie ungewöhnlich und neu erscheinen mag, lassen Sie sich einmal darauf ein und beantworten Sie obige Fragen. Sie können nicht mehr verlieren als Ihr schlechtes Gewissen, aber Sie können neue Freiheiten für Ihre Kunst des Aufräumens gewinnen.

Keine Lust

Sie haben bislang eine Vielzahl an Informationen bekommen, um Ihre Heldenreise zu bestreiten und ein echter Künstler des Aufräumens zu werden. Eigentlich könnten Sie umgehend mit der Umsetzung anfangen und jeden Tag daran arbeiten, jede Stunde, jede Minute. Aber wir wollen die Kirche im Dorf lassen. Kein Künstler der Welt ist ständig künstlerisch tätig. Das ist allein schon aus Gründen des Energiehaushalts nicht möglich, von der berühmten Muse, die einen küssen soll, ganz zu schweigen. Jeder Künstler, egal welcher Richtung, hat Tage, an denen er keine Lust verspürt, nicht kreativ sein will oder trotz des Wunschs, kreativ zu sein, an seiner eigenen Tagesform scheitert. Das macht überhaupt nichts, wenn wir als Künstler des Aufräumens lernen, bewusst damit umzugehen.

Stellen Sie sich einmal vor, Sie haben sich Gedanken darüber gemacht, wie genau Ihre Räume gestaltet sein sollen, was in ihnen herumstehen darf und was nicht und welchen Grad Sauberkeit Sie anstreben. Licht-, Duft- und Farbverhältnisse sind so, wie Sie es sich gewünscht haben. Eigentlich ist alles in bester Ordnung, wenn da nicht Wollmäuse und die sechs gebrauchten Gläser wären, die eigentlich in den Abwasch gehören. Sie haben absolut keine Lust, gerade jetzt als Künstler des Aufräumens aktiv zu werden, indem Sie den Staubsauger nehmen und bewusst staubsaugen oder die Gläser bewusst in die Hand nehmen, um anschließend die Veränderung zufrieden wahrzunehmen. Stattdessen würden Sie am liebsten alles so lassen, wie es ist. Dieser Wunsch ist verständlich und absolut in Ordnung. Der Unterschied zwischen einem Künstler des Aufräumens und jemandem, der Aufräumen für lästig, aber notwendig hält, liegt im Bewusstsein für das eigene Handeln. Sehr viele Menschen sind «unbewusst Behandelte» statt bewusst Handelnde. Dabei kann das «Behandelt-Werden» auch durch andere Menschen bedingt sein, meist ist es jedoch das Ergebnis der eigenen Denkweise. Wer sich als Opfer der Umstände, ohnmächtig, gezwungen versteht und fühlt, für den ist es schwerer, sich selbst als autark handelnde Persönlichkeit wahrzunehmen. Wer glaubt, aufräumen müsse man eben, stellt seine eigene Entscheidungsfähigkeit über Art, Umfang, Zeitaufwand und alles, was damit zusammenhängt, in Abrede und beraubt sich der Möglichkeit, darüber selbst zu bestimmen. Wer so denkt, wenn er keine Lust zum Aufräumen hat, ist prädestiniert für ein schlechtes Gewissen, denn es dominiert das unbewusste «Muss». «Aufräumen? Nützt ja nix, muss eben gemacht werden.» Muss man wirklich aufräumen? Eigentlich nicht, es sei denn, die Ordnung seiner Umgebung ist selbstbestimmt, sprich so gewünscht. In der Natur hingegen ist nichts aufgeräumt, und dennoch herrscht dort Gleichgewicht, ein Prinzip der Ordnung. Nur wir Menschen sind es, die Ordnung überhaupt einfordern und darüber bestimmen. Der Künstler des Aufräumens weiß das und entscheidet ganz bewusst, wie und warum er sein Umfeld gestaltet haben möchte. Und wer bewusst gestaltet, kann sich auch ganz bewusst dafür entscheiden, der Unlust nachzugeben, denn es besteht kein Anlass zu müssen – weder in Hinblick auf Ordnung halten noch auf Pause machen. «Keine Lust» ist nämlich nichts anderes als das Signal des eigenen Organismus, dass er, wir, eine Pause brauchen. Der Künstler weiß, dass Kunst nicht ständig und ewig ausgeübt werden kann. Er nimmt bewusst wahr und gern in Kauf, wenn der Zustand seiner Wohnung zeitweise vom Ideal abweicht. Auch künstlerische Pausen drücken sich unter anderem in Unlust aus!

Transpiration in der Praxis

Wenn Sie diese Überschrift lesen, können Sie sich gratulieren, denn Sie sind auf dem besten Weg, ein Künstler des Aufräumens zu werden. Sie haben sich mit Inspiration beschäftigt und eigene Ideen entwickelt. Inzwischen kennen Sie auch eine ganze Reihe von Werkzeugen. Jetzt geht es darum, die Sache ins Laufen zu bringen. Die Glühlampe soll leuchten, um mit dem Beispiel für Transpiration am Anfang des Buchs zu sprechen. Bisher haben Sie viel nachgedacht, entwickelt und Erkenntnisse gewonnen. Nun geht es an die Umsetzung, an das Ausprobieren, welcher für Sie der richtige Weg ist, um Ihre Heldenreise erfolgreich zu beenden. Vorab gilt es an dieser Stelle, eine Reihe von Fragen für sich zu beantworten:

Was genau wollen Sie als Erstes tun?

Wann wollen Sie es tun?

Was wollen Sie als Zweites, Drittes, Viertes tun, und wann wollen Sie es tun?

Was machen Sie, wenn Sie feststellen, dass es so, wie Sie es sich gedacht haben, nicht funktioniert? Welche Alternativen könnten Sie ausprobieren?

Wie groß soll der Zeitrahmen sein, um das, was Sie tun wollen, zu erledigen? Was machen Sie, wenn sich das Zeitfenster als zu eng herausstellt? Was, wenn es zu großzügig bemessen ist?

Welche konkreten Übungen zur bewussten Wahrnehmung wollen Sie machen? Wann wollen Sie diese Übungen machen, und wie messen Sie Ihren Erfolg?

Welche der vorgestellten Werkzeuge möchten Sie einsetzen?

Der Einsatz welcher Werkzeuge wird Ihnen leichtfallen?

Welche Werkzeuge finden Sie attraktiv, können sich aber nicht vorstellen, sie einzusetzen?

Wer kann Ihnen dabei behilflich sein, diese Werkzeuge zu Ihren eigenen zu machen?

Was brauchen Sie, um diese Werkzeuge einzusetzen?

Welche Werkzeuge empfinden Sie für sich selbst als unsinnig und werden sie ganz bestimmt nicht einsetzen?

Wann ist für Sie die richtige Zeit, um welche Tätigkeiten zu tun?

Was machen Sie, wenn Sie feststellen, dass sich Einfaches als schwierig für Sie herausstellt? Welche zusätzlichen Ressourcen brauchen Sie, damit Sie die Schwierigkeiten überwinden können?

Welche Etappenziele setzen Sie sich, und wie werden Sie die erreichten Etappenziele feiern?

Was machen Sie, wenn Sie feststellen, dass Sie allmählich zu einem wahren Künstler des Aufräumens werden?

Wie können Sie andere von Ihrer Kunst profitieren lassen?

Wie können Sie mit Ihrem Können und Wissen für die Gesellschaft etwas Nützliches tun?

Bitte geben Sie sich selbst die Zeit, die Sie brauchen, um diese Fragen für sich zu beantworten. Es sind Ihre ganz persönlichen Antworten, die im Endeffekt das Wesen Ihrer Kunst ausmachen werden.

Arbeitsteilung in der Praxis

Nachdem Sie nun fast das ganze Buch gelesen und sicher auch schon viel gearbeitet haben, kommen wir jetzt zur letzten Voraussetzung, die ein Künstler erfüllen muss. Unsere Welt ist eine Welt der Arbeitsteilung. Abgesehen von ganz wenigen komplett autarken Selbstversorgern macht niemand in unserer Gesellschaft alles selbst, sondern ist immer auf die Arbeit von Fachleuten angewiesen. Künstlern geht es genauso. Kein Komponist fertigt Papier und Stift selber an, kein Maler produziert Standardpinsel, und auch ein Fußballregisseur ist trotz aller genialen Pässe nichts ohne seine Mitspieler, geschweige denn, dass er seine Fußballschuhe selber herstellen würde. Deswegen besteht für Sie auch kein Grund, in einen Zustand der Überforderung zu geraten, wenn Sie nach der Lektüre dieses Buchs nun versuchen, alles zu verinnerlichen, um ein Künstler des Aufräumens zu werden. Der Inhalt jedes Kapitels kann von Ihnen oder anderen Personen ausgeführt werden. Je mehr Sie selber machen, desto mehr haben Sie die Kontrolle, aber auch die Arbeit. Alles, was Sie anderen übergeben, entlastet Sie, macht Sie aber auch abhängig von anderen. Deswegen ist es sehr sinnvoll, wenn Sie sich darüber klar werden, was Sie unbedingt selber machen möchten und was Dienstleister besser als Sie erledigen können.

Es gibt Menschen, die den Wunsch haben, ihre Räume neu zu gestalten, aber nicht bereit sind, sich selber Gedanken darüber zu machen. Sie beauftragen dann Innenarchitekten, Aufräumexperten, Putzkolonnen, Renovierungsfirmen und andere, die ihnen die Arbeit abnehmen. Das setzt natürlich voraus, dass man die Dienstleister auch bezahlen kann. Bei anderen wiederum gehen sämtliche Ideen auf sie selbst zurück, überlassen aber die Umsetzung den Experten. Und noch andere machen alles selbst, die wöchentliche Reinigung ausgenommen, wofür sie eine Reinigungskraft beschäftigen. Sie persönlich können grundsätzlich entscheiden, ob Sie für die Ideen zuständig sein, Entscheidungen selber treffen, den Zustand Ihrer Wohnung bewusst wahrnehmen und verändern wollen, ob Sie selber gestalten und darüber bestimmen wollen, was geht und was bleibt, sowie für Zeitfenster und Zeitmanagement sorgen wollen. Oder möchten Sie Ihre Zeit lieber dazu verwenden, so viel Geld zu verdienen, wie Sie benötigen, um die Dienstleister zu bezahlen? Was Sie selber machen und was Sie an andere delegieren, sollte von nichts anderem abhängen als davon, was Ihnen liegt, worauf Sie Lust haben und was Sie befriedigt. Niemand und nichts auf der Welt kann Ihnen vorschreiben, wie Sie Ihre eigene Kunst des Aufräumens auszuüben haben. Das Einzige, was Sie dafür tun müssen, ist, sich zu entscheiden und die für die an andere delegierten Bereiche erforderlichen Ressourcen, sprich Geld, zu beschaffen. Wie gewohnt haben wir wieder einige Fragen für Sie vorbereitet:

Welche Kapitel haben Sie spontan angesprochen, sodass Sie gedacht haben: «Interessant, da habe ich Lust drauf!»?
Bei welchen Kapiteln haben Sie gedacht: «Ach du, herrjemine, das muss ich auch machen? Das ist ja überhaupt nichts für mich!»?
Bei welchen Kapiteln haben Sie gedacht: «Nicht mein Ding, aber bevor ich dafür Geld ausgebe, mache ich es lieber selbst»?

Wer nun an dieser Stelle den Kopf schüttelt, weil er oder sie weder alles selber machen kann noch Möglichkeiten hat, Geld in Mengen zu beschaffen, das für die Bezahlung von Dienstleistern ausreichen würde, der sei beruhigt. Arbeitsteilung ist keine rein wirtschaftliche Angelegenheit, sondern selbstverständlich. Sie ist Teil unseres Lebens, unserer Gesellschaft, auch wenn wir uns darüber nicht immer im Klaren sind. Scheuen Sie sich nicht, Freunde und Bekannte um Hilfe zu bitten, wenn Sie wissen, dass Sie selbst etwas nicht tun können. Auch öffentliche karitative Einrichtungen und Organisationen, die sich auf die Wiederverwertung ausgemusterter Gegenstände spezialisiert haben, helfen bei bestimmten Tätigkeiten. Entscheidend ist aber auch hier, gerade im Freundes- und Bekanntenkreis, dass es sich um ein Geben und Nehmen handelt. Fragen Sie ruhig einmal nach, was Sie als Gegenleistung tun können, und wenn Sie zu den Menschen gehören, die glauben, nie genug zu geben, dann können Sie sich gleich hier darin üben, Ihr Gegenüber ernst zu nehmen. Denn wenn jemand behauptet, er möchte für einen Gefallen nichts bekommen, er helfe gern, dann sollen wir das nicht so lang anzweifeln, bis er entnervt eine Gegenleistung annimmt, die er eigentlich nicht wollte. Fragen Sie, aber drängen Sie nichts auf.

Nehmen Sie sich die Kapitel vor, bei denen Sie unwillig und übellaunig wurden, und listen Sie die Tätigkeiten auf, die darin beschrieben sind. Wenn Sie das gemacht haben, fragen Sie sich bei jeder Tätigkeit: Wenn ich es nicht mache, wer könnte es dann übernehmen und was bin ich bereit dafür zu geben?

Mit dieser Frage können Sie sich ein schönes Arbeitsteilungsumfeld schaffen, denn der zweite Teil der Frage zielt noch einmal darauf, wie Sie persönlich Geld und Gegenleistung bewerten. Sie vermeiden so, aus Unlust mehr Geld auszugeben, als Sie eigentlich wollen, oder aus schlechtem Gewissen mehr zu geben, als Sie möchten. So beugen Sie einer Schieflage in der Ausübung Ihrer Kunst in Bezug auf Geben und Nehmen vor.

Ein Meister werden

Aufräumen bedeutet für jeden etwas anderes. Während für die eine das Wegräumen ein paar benutzter Gläser bereits zu den Haupttätigkeiten gehört, will der andere seine komplett zugestellte Wohnung entrümpeln, ein Dritter hingegen möchte seine Räume renovieren, umgestalten, aus alten Wohngewohnheiten ausbrechen. Völlig unabhängig davon, was genau Ihre Heldenreise hin zu einem Künstler des Aufräumens ist, gibt es ein paar grundlegende Überlegungen, die nützlich sein können. Denn jede Aufgabe braucht Zeit, und die sollte man ihr geben. Wenn wir uns ein paar neue Gewohnheiten aneignen, die unsere alten ersetzen könnten, ist das eine Automatisierung unseres Verhaltens in unserem Sinn. Wenn wir bisher besagte benutzten Gläser immer mindestens zwei Tage stehen lassen, so könnte die Verhaltensänderung darin bestehen, sie immer sofort nach Gebrauch in die Küche zu bringen. Damit es aber eine Gewohnheit werden kann, braucht es Übung. Erst wenn wir etwas so gut geübt haben, dass wir nicht mehr darüber nachdenken müssen, was wir wann tun, kann eine Handlung zu einer Gewohnheit werden. Diese allein macht aber keinen Meister. Wahre Meister haben ihre Kunst sehr lang geübt und fahren damit fort, selbst wenn ihnen bestimmte Abläufe und Handlungen in Fleisch und Blut übergegangen sind. Denn nur beständiges Training sorgt dafür, dass eine einmal erworbene Fähigkeit in ihrer Qualität erhalten bleibt. Zudem ist ein künstlerischer Prozess auch stets ein Prozess des bewussten Hinterfragens. Die Automatisierung von Routineabläufen, der traumwandlerische Umgang mit Werkzeugen sind nur die eine Seite der Medaille. Die andere besteht aus Spaß an künstlerischer Betätigung, aus dem inneren Antrieb, sich ausdrücken und gestalten zu wollen. Darum geht es vornehmlich, denn das unterscheidet den wahren Meister vom reinen Handwerker. Deswegen ist die Inspiration auch die Quelle aller Kunst, egal, was sie genährt haben mag.

Wenn Sie nun aufräumen wollen, indem Sie Aufräumen als einen aktiven, bewussten, kunstvollen Prozess zur Gestaltung Ihres Raums begreifen, so ist es sehr wichtig, wenn Sie sich immer wieder daran erinnern. Und ebenso sinnvoll ist es, sich an die einzelnen damit verbundenen Tätigkeiten zu erinnern und diese zu üben. So schult zum Beispiel der Autor dieser Zeilen seine bewusste Wahrnehmung ständig aufs Neue und übt, wo er nur kann. Motor ist die Begeisterung für die Sache und nicht irgendein «Muss». Schulen Sie das, was Sie beim Gestalten, Entwickeln, Entscheiden und Räumen begeistert, indem Sie es bewusst wiederholen und sorgsam beobachten. Üben Sie, indem Sie handeln. Es gibt keine bessere Übung als die ernstgemeinte, mit Freude ausgeführte Tat!

Zum Schluss

Herzlichen Glückwunsch, Sie haben es geschafft! Das Buch ist gleich zu Ende. Was haben Sie mitgenommen? Haben Sie es nur gelesen, haben Sie damit gearbeitet, haben Sie sich Notizen gemacht oder haben Sie bereits eine Vorstellung von Ihrer Kunst des Aufräumens? Was auch immer Sie bis hierher gemacht haben, wo auch immer Sie gerade stehen, denken Sie daran: Wahre Kunst braucht Übung. Bleiben Sie am Ball, üben Sie die Kunst des Aufräumens jeden Tag. Und arbeiten Sie weiter, nutzen Sie auch in Zukunft dieses Buch – sein Inhalt wird nicht irgendwann veraltet sein. Bereits gefasste Gedanken lassen sich stets neu formulieren und interpretieren. Wir neigen dazu, Dinge zu vergessen, wenn wir uns nicht stetig mit ihnen beschäftigen. Und so verhält es sich auch mit diesem Buch: Solange Sie regelmäßig damit arbeiten, uns und sich immer wieder überprüfen und Ihre Schlüsse daraus ziehen, Ihre Kunst weiterentwickeln, so lange sind Sie im Fluss, in Bewegung – wie jeder große Künstler. Der berühmte Geigenvirtuose Yehudi Menuhin hat einmal gesagt: «Die Kunst des Kreativen besteht in der Gabe, das Besondere zu erfassen, es ins Allgemeine zu verwandeln und damit ein neues Besonderes zu erschaffen.» Bleiben Sie also am Ball, erfassen Sie immer wieder das Besondere an der Kunst des Aufräumens, machen Sie es zu alltäglichem Handeln und erschaffen Sie so stets aufs Neue das Besondere – in einem Ihrer Räume, in Ihrer Wohnung, in Ihrem Leben!

Nachworte

Sie haben nun viel aufgenommen, vielleicht sogar einiges aufs Papier gebracht und können loslegen. Eventuell haben Sie sogar schon losgelegt. An dieser Stelle bleibt nicht mehr viel zu sagen, als dass Sie es auf Ihre Art machen sollen. Machen Sie Ihre ganz persönliche Heldenreise in Ihrem eigenen Tempo. Es gibt kein Richtig und kein Falsch, es sei denn, Sie legen es selbst so fest. Niemand kann Ihnen vorschreiben, auf welche Weise Sie Ihre Kunst ausüben. Lassen Sie sich inspirieren, aber nicht gängeln, denn Kunst ist immer persönlich, ansonsten bleibt sie reines Handwerk. Leidenschaft und Kunst sind Geschwister, Handwerk und Perfektion ebenfalls. Lassen Sie sich Zeit, um herauszufinden, wie Sie diese vier miteinander verbinden möchten. Ich bin mir sicher, dass das Ergebnis wundervoll sein wird!

An dieser Stelle habe ich eine persönliche Bitte: Lassen Sie uns wissen, was Sie aus diesem Buch mitgenommen haben und an welcher Stelle Sie anderer Meinung sind oder wir etwas vergessen haben. Auch sogenannte Aufräumexperten sind keinesfalls perfekt, im Gegenteil: Ratgeber-Eitelkeit und Besserwissertum sind unsere ständigen Begleiter und größten Feinde, wenn es um den Nutzen einer Sache für andere geht. Unterstützen Sie uns, besser zu werden! Und lassen Sie uns an Ihren Erfolgen teilhaben. (Thomas Ritter, Pf. 304144, 20324 Hamburg/www.endlichaufgeraeumt.de)

Herzlichst Ihr Thomas Ritter

Vielleicht lachen Sie innerlich, sind ein wenig überrascht darüber, wie leicht Ihnen Aufräumen doch fallen kann, wenn Sie erst einmal motiviert sind. Ziel ist es aber, auch in Zukunft nicht aufräumen zu müssen, sondern zu wollen. Wer etwas gezwungenermaßen tun muss, findet nicht wirklich Gefallen daran, obgleich sich nach getaner Pflicht das schöne Gefühl der Erleichterung und Zufriedenheit einstellt. Wenn das mal kein Grund zum Wollen ist!

Die Kunst des Aufräumens ist nicht mit der letzten Socke, die im Schrank verschwunden ist, beendet. Und auch nicht mit dem letzten Papierberg, der endlich bearbeitet oder entsorgt wurde. Jetzt beginnt für Sie der Teil, der sich dem Bild, der Melodie widmet. Das Aufräumen und Ausmisten, wie wir es hier beschrieben und nähergebracht haben, waren der «Rahmen». Nun wird gemalt, nun wird vertont! Ziel ist es, zunächst mit dem zu arbeiten, was bereits vorhanden ist. Kleinigkeiten können Sie später noch anschaffen, falls das Budget dafür vorhanden ist. Wenn wir einen letzten Rundgang durch Ihr neues Zuhause machen, finden wir vielleicht noch kleine Unstimmigkeiten hier und dort. Haben Sie sich getrennt? Haben Sie sich verabschiedet, ist Ihr Kunstwerk im glücklichen Entstehen? Oberste Regel für ein positives Lebenskostüm: Umgeben Sie sich ausschließlich mit Dingen, die Ihnen gefallen, die Sie schätzen und glücklich machen! Es muss nicht alles immer praktisch sein – Optik und Funktionalität sind doch eine schöne Kombi.

Danke, dass Sie mit uns bis zum Ende dieses Buchs gereist sind. Es mag Augenblicke gegeben haben, in denen Sie das Buch vielleicht zu gern zur Seite legen wollten, Sie waren erschöpft, überfordert, gar enttäuscht. Erschöpft, weil Sie alles auf einmal machen wollten, überfordert, weil Sie sich die Umsetzung einfacher vorgestellt hatten, und enttäuscht, weil vielleicht nicht immer die Magie des Wandlungsprozesses gleich spürbar war. Aber genau das macht Sie und uns und alle anderen auch zu einem Künstler. Sein Tun und Schaffen und vor allem sich selbst immer wieder zu hinterfragen, zu reflektieren, und niemals aufzuhören, an seinem Kunst- oder Lebenswerk zu arbeiten, es zu studieren, sind so unerlässlich. Die Ansprüche und Sichtweisen ändern sich, weil wir wachsen! Formen und verändern Sie auch mal Ihr Kunstwerk! Beethoven, Mozart, Vivaldi, aber auch die Künstler der Moderne haben immer wieder ihre Werke vernichtet, redigiert, überarbeitet, verbessert. Und doch, irgendwann ist ein Bild gemalt, eine Melodie vollendet. Sie fühlen, sehen, hören es. Und sollten Sie das Gefühl haben, dass Sie nicht weiterkommen, ruhen Sie so lang, bis es eines Tages wieder geht. Werfen Sie den Pinsel also niemals weg, um einen nächsten Schritt zu tun.

Treiben Sie Ihr Leben an, und Ihr Leben wird Sie antreiben. Zwischenzeitlich ruhen Sie aus, schöpfen neue Kraft für neue Ideen, fordern Ihren Geist und Ihre Kreativität heraus. Bleiben Sie im Fluss, bis Ihr Kunstwerk fertig ist. Und wenn Sie meinen, es sei fertig, beginnen Sie das nächste – oder unterstützen Sie andere dabei, ihr Kunstwerk zu formen oder zu vollenden. Ich wünsche mir, dass dieses Buch Sie unterstützen und motivieren konnte, sich selbst und Ihren Wohnraum zu reflektieren, den Blick und Ihr Gefühl zu sensibilisieren. Und dass Sie sich in Ihrem Zuhause wieder sehen und wahrnehmen – es ist Ihr Spiegel. Er zeigt Ihnen, wo Sie standen, wo Sie jetzt stehen und vielleicht in Zukunft stehen werden. Seien Sie stolz auf sich!

Ihre Constanze Köpp

Dank

An erster Stelle steht der Dank an die vielen Leserinnen und Leser des Buchs *Endlich aufgeräumt! Der Weg aus der zwanghaften Unordnung*, die sich die Mühe gemacht haben, mich mit ihren Gedanken und Verbesserungsvorschlägen zu bedenken. Ohne sie wäre dieses Buch nicht möglich gewesen. Außerdem danke ich Constanze Köpp, deren unbeschwerte Begeisterung dieses Buch erst zu dem hat werden lassen, was es ist. Nicht versäumen möchte ich, Jörn Ehrlich, Tom Rückerl, Eckhart Fiolka, Jens Hartung und Torsten Rückerl von V.I.E.L®-Coaching + Training zu danken, deren Ausbildung es mir jeweils ermöglicht hat, ganzheitlich zu denken und zu hinterfragen. Und nicht zuletzt danke ich dem Rowohlt Verlag, namentlich Julia Vorrath, die an die Idee des Buchs geglaubt hat, als ich es selbst noch nicht richtig tat, und Susanne Frank, die mit viel Geduld und Humor auf wundervolle Weise die Kunst der Lektorin ausgeübt hat, und Marion Appelt, die das Unmögliche möglich machte.

Thomas Ritter

Ich danke allen, die mir nie ihr Schema aufzwängen wollten. Ich danke meinen besten Freundinnen, meinen Freunden und meiner Familie. Sie haben immer an das geglaubt, was ich gemacht habe! Besonders danke ich aber auch meinen Kunden und Ihnen als Leser dieses Buchs! Und ich danke meinem Koautor Thomas Ritter sowie meinem Verlag.

Constanze Köpp